特別支援教育が教えてくれた

発達が気になる子の育て方

Heinetsu
平熱

かんき出版

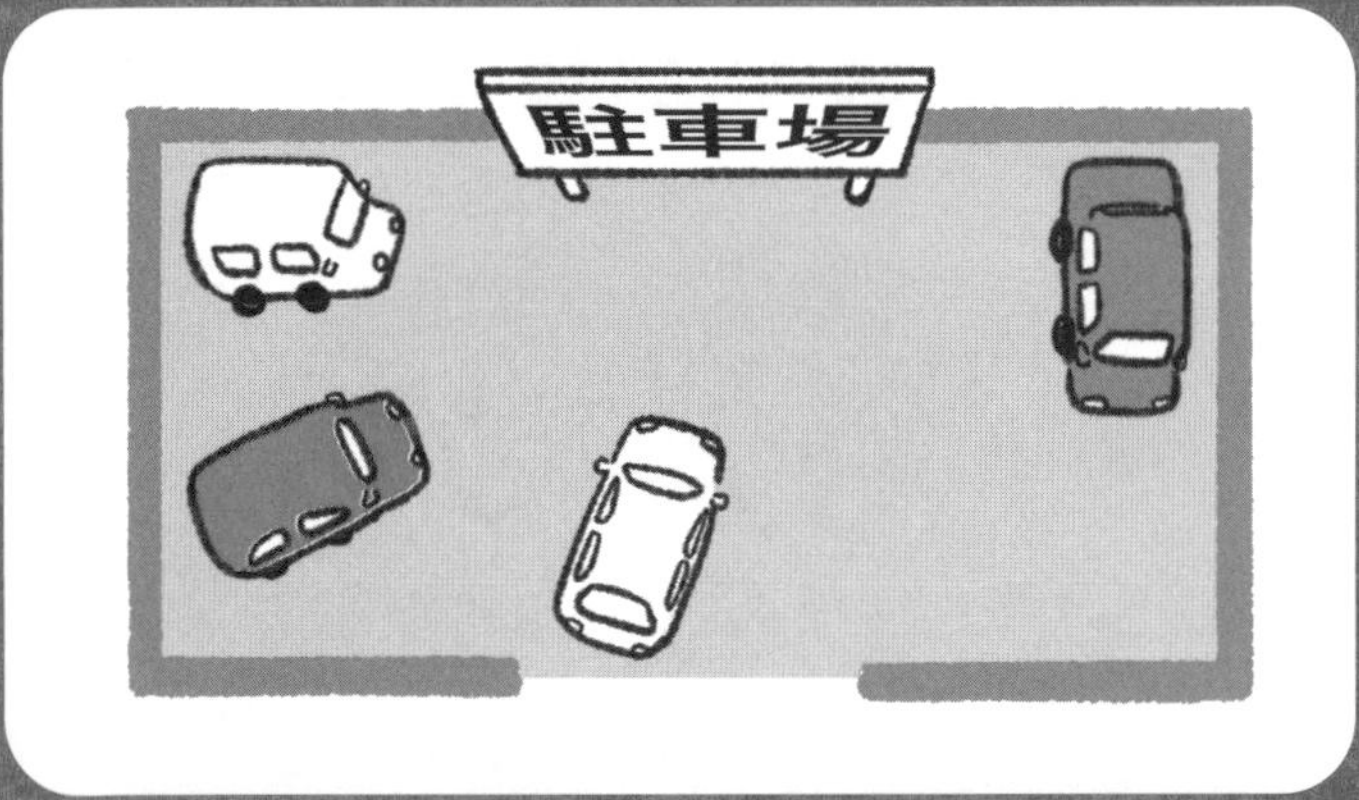

だだっ広いアスファルトに、「駐車場」と書かれた
看板が置いてあるとします。
たしかにこんなところでも、車は停められます。
でも、とても停めにくいし、効率も悪いです。
事故を起こす確率も上がりますよね。

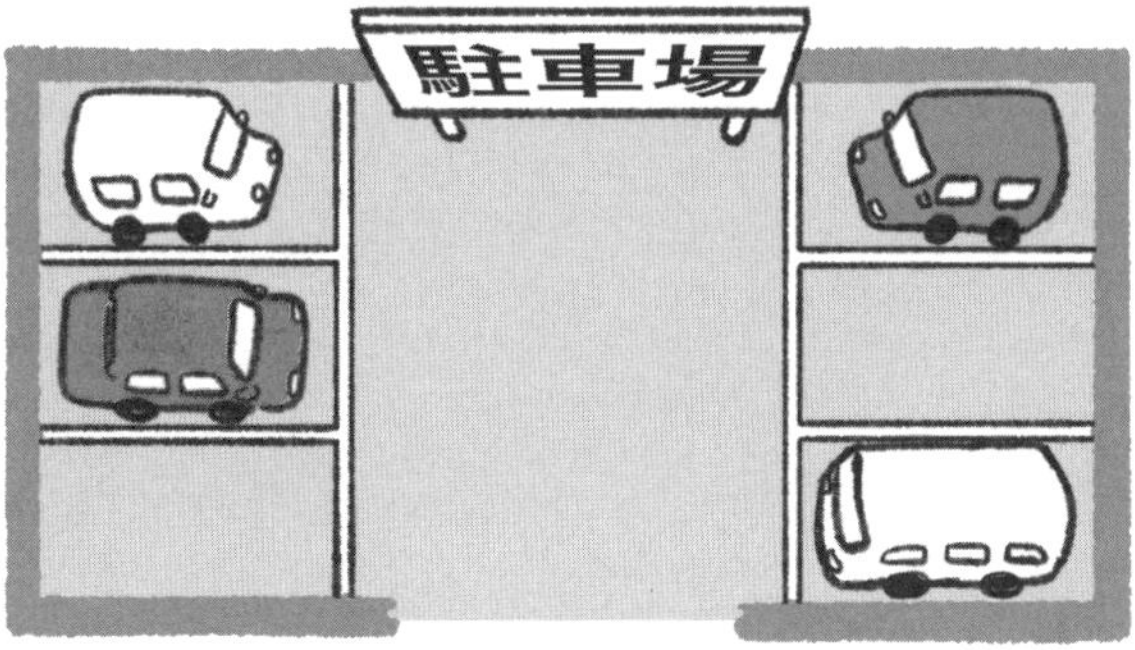

では、アスファルトに白線を引いて、駐車スペースを区切るとどうでしょう。

「駐車場に空きはあるか」
「左右の車とはどのくらい距離を取ればいいか」
「あと何台停められるか」

そんなことが、多くの人に「パッと見」でわかるようになりました。

この白線を引く作業こそが「特別支援教育」です。

わからないことはないけど、あればわかりやすいサポート。
できなくはないけど、あればやりやすいサポート。
できなかったけど、あればできるようになるサポート。

発達になんらかのつまずきがあったり
障害をもっていたりして、
困りごとを抱える子どもたちのために
わたしたちが白線を引くことができれば、
彼らの「困った!」がグッと軽くなります。

今のままじゃ車を停めるのがむずかしいあの子が、
どんな線を引いたら駐車できるだろう。

そんなことを考えながら、一人ひとりをよく見て考えて、サポートをする。
それが、「特別支援」です。
これは「特別な支援」ではありません。
形や程度を変え、わたしたちの身のまわりに、
いくらでも転がっているサポートです。

この本では、
発達につまずきのある子と、そのまわりにいる大人のみなさんのために、
特別支援教育をベースにした「困った！」を小さくするヒント
をまとめました。

お子さんが社会に出たとき、たくさんの人の助けを得ながら、
少しでも自立して生きていくために。
いっしょに生活する大人たちができるサポートや知っておいてほしいことを、
むつかしい話やきれいごとは一切なしで、
今の自分に伝えられることを精いっぱい書きました。
その中のひとつでも、だれかの生きづらさを少なくする手助けになりますように。

はじめに　特別支援教育は、全人類に有効です。

こんにちは。平熱《へいねつ》です。特別支援学校で、現役の教員として働いています。

今でこそ「特別支援学校の先生」としてそれなりの経験を重ね、子どもたちと関わる中で考えたことや実践したことを書いた文章が、たくさんの人に読んでもらえるようになりました（※２０２３年２月現在：Twitterフォロワー数６・９万人）。

でも、はじめは、特別支援学校の先生になりたいなんて微塵《みじん》も思っていませんでした。

ごくふつうの文系大学に通い、３年生の夏には卒業の見通しが立ったので、「教員免許でも取るか」と、「原付の免許でも取るか」ぐらいのテンションで教職課程を履修したことが、わたしの教員生活のスタートです。

教員免許の取得には、特別支援学校や障害のある人たちが生活する施設での「介護等体験」が必要です。介護等体験の実習先は、大学からほど近い特別支援学校の小学部。

２日間、ヘッドギアをつけたかわいい男子に、おなじ絵本を何度も読みました。

いろんな障害のある子どもたち。

自分が通っていた学校とは、なにもかもが全然ちがいました。

正面玄関から入ってすぐ、でっかい筒にしがみついた子どもたちが、まえにうしろに大きく揺れていた光景は、とにかくファンキーで最高でした。それに、教科書も黒板も使わず、先生たちが考えて用意したであろう教材で授業をし、子どもたちがうれしそうに参加していたこともかっこいいなと思いました。

働く先生たちもみんなやさしくて、一人ひとりに丁寧《ていねい》に接している姿が印象的でした。わたしの学生時代、おつりが出るほど余っていた「こわい先生」はひとりだっていません。

ただ、いっしょにあの場にいた学生のほとんどが「特別支援学校には興味ない」「早く普通校で教科や部活の指導がしたい」と、あくまでも教員免許を取る手段のひとつとして実習を消化している雰囲気に、なんとも言えない違和感を覚えました。

教員免許は無事に手にしたものの、まだ「先生になりたい」という意欲も情熱ももち合わせていないわたしは、結局、民間企業に就職しました。

社会人として数年が経った頃、やりたい仕事をこなし、立てた目標をクリアしたところで「ちがう仕事がしたいなぁ」と後先考えずに退社しました。若さってこわい。

そこに、1本の電話がかかってきたのです。

「教育委員会ですが、特別支援学校で講師をしていただけませんか？」

一瞬、なんのこっちゃわかりませんでした。教育委員会？　特別支援学校？　講師？

そういえば、なにかのタイミングで講師登録をしたような……。

教員免許を取得したことすら忘れていたような脳みそから、あの日特別支援学校で何度も読んだ、ガイコツが踊るたのしい絵本が飛び出してきました。読むたびにうれしそうに笑ってくれた、青いヘッドギアをつけた男子の姿といっしょに。

「一度、学校や授業の様子を見学させてもらってから決断したい」

まったくちがう畑を耕していた人間が、プロとして障害のある子どもたちと関わっていいのだろうか。そんな不安を抱えて、特別支援学校を見学しました。


やっぱりたのしそうでした。勉強したり、あそんだりしている子どもたちも。やさしく教えている先生も。ぬぐいきれない不安や心配を抱えたまま「自分にはできるかわからないけど、やってみたい」と校長先生に告げました。

「あなたはきっと大丈夫。自分の気持ちや経験を冷静に分析し、学校を見学する行動を起こした。そのうえで未経験のジャンルにチャレンジしようと思える人が、特別支援学校の先生に向いていないわけがない」

そんな返事をもらいます。校長、見る目あるやん。


働いていくうちに、特別支援学校のたのしさ、特別支援教育のおもしろさが心と体になじんでいきました。

それと同時に、

「特別支援学校って最先端じゃない？」
「特別支援教育って、障害のあるなしに関係なく大事じゃない？」
「障害があるかないかの線引きなんて、あってないようなものじゃない？」
とつぎつぎに疑問が浮かび、それらは少しずつ確信に変わっていきました。

あのときの介護等体験で「特別支援学校には興味ない」「早く普通校で教科や部活の指導がしたい」と言っていた学生に言って聞かせたい。

「知ってた？　特別支援教育って、全人類に有効なんだよ」って。

たくさんの授業をこなし、いろんな子どもたちと学校生活を共にし、まわりの先生に教わりながら、まったくの素人《しろうと》だったわたしが「特別支援学校の先生」としてそれなりの自信をもてるまでになりました。

誤解しないでほしいんですが、今だってわたしは一流の教員なんかじゃありません。

わからないことはわからないし、できないことはできません。失敗したことも、やらかしたことも山ほどあります。

わたしが特別支援学校の先生として使っている武器のほとんどすべては、現場で身につけました。ほかの先生に教えてもらったことも、見て聞いて覚えたことも、何度も何度も咀嚼《そしゃく》して、納得するまで考えて、なんとかここまでやってきました。

えらい先生から見たら穴だらけかもしれないけど、わたしが学び、経験して血肉にしたことを、この本では伝えていきます。専門的でむずかしい言葉の羅列は、ほかの本に任せます。

わかりやすく、できればおもしろく。

かんたんな、やさしい言葉で、発達につまずきのある子どもと、日々関わっている大人たちに、大事なこと、役に立つことを伝えられたらいいな。

特別支援学校ってとってもすてきなところだし、特別支援教育ってとってもクールな教育だって、知ってくれたらうれしいです。

平熱

序章

特別支援教育が子育てに有効なワケ

第1章

子どもの「自立」をどう考える？

第2章

大人も子どももしんどくならないサポートのポイント

第3章

こんなときどうする？ 日常の「困った」を小さくするためのヒント

カバーデザイン●井上新八
本文デザイン●二ノ宮匡（ニクスインク）
カバー・本文イラスト（平熱アイコン）●メイ　ボランチ
本文イラスト（図版）●まる
DTP●茂呂田剛、畑山栄美子（エムアンドケイ）

序章

特別支援教育が子育てに有効なワケ

この本では、特別支援教育についてのあれこれを、発達につまずきのある子を育てるためのヒントとしてお伝えします。

まずは、みなさんに「特別支援教育」ってそもそもなんなの？ ということと、代表的な「視覚支援」についてこの章でご紹介します。

1 まじめな話、特別支援教育ってなんだろう？

いきなりですが「特別支援教育」を知っていますか？
特別支援学校では、どんな勉強をしていて、どんなサポートをしているか、知っていますか？

「特別支援教育って、障害のある子どものための教育なんでしょ？」と思うかもしれません。まちがってはいません。でも、特別支援学校で「障害の〝ある〟子どもたち」に教えているわたしは、しょっちゅう思うんです。
「これ、障害の〝ない〟子どもたちにも絶対に有効だよな」って。

この本を手に取ってくれているということは、障害をもっている子、発達につまずきのある子といっしょに生活している方が多いかもしれません。これからお伝えする内容は、そういう人だけでなく、たまたま立ち読みしたあなた、それにプロレスラーやギャル、「全人類」みんなの生きづらさを小さくします。

では、そんな「特別支援教育」について説明していきます。

まず、むずかしい定義から見てみましょう。

「特別支援教育」とは、障害のある幼児児童生徒の自立や社会参加に向けた主体的な取組を支援するという視点に立ち、幼児児童生徒一人一人の教育的ニーズを把握し、その持てる力を高め、生活や学習上の困難を改善又は克服するため、適切な指導及び必要な支援を行うものである。

（文部科学省ＨＰより）

どうですか？　見慣れない、かたい文章が並んでいてビックリするほどピンとこないですよね。ちょっとわたしもわからないので、自分なりの解釈で進めさせてください。

「特別支援教育」とは、**障害のある子どもたちが社会で自立して生きていくために行う適切な指導やサポートのこと。**
この指導やサポートを行うには、**一人ひとりの困りごと（教育的ニーズ）を把握することが大切。また、子どもたちの得意なことを伸ばし、苦手なことを少しでも改善・克服して、生活や学習での困りごとを解決すること**を目標にしている。

えっと、読んで気づいた方もいると思うんですが「特別支援教育」って、範囲を一応「障害のある子どもたち（幼児・児童・生徒）」と定義してるんですね。

でも、そこから先の、

「一人ひとりの困りごと（教育的ニーズ）を把握する」

「（子どもたちが社会で自立して生きていくために）得意なことを伸ばし、苦手なことを少しでも改善・克服して、生活や学習での困りごとを解決していく」

ことに障害のあるなしなんて関係ありますか？
障害があろうがなかろうが、どんな子どもにもあてはまる大事なことですよね。

あ、ごめんなさい。ちがいます。どんな人にだってあてはまります。大人も子どももおじいさんもおばあさんも、みんなです。

特別支援学校に通う子どもたちには、その障害（特性）ゆえの「生きづらさ」や「困りごと」があります。

具体的に言うと、わたしたちがすぐにわかったり、覚えたりできることに時間や手間がかかり、数十人の子どもたちといっしょに教科書と黒板を使って勉強することがむずかしい子がほとんどです。

だから、特別「に」支援は必要です。

でも、特別「な」支援はしていません。

一見、特別な支援のように見えるほとんどは、わたしたちが日常的に触れているものばかりです。わかりやすいように、特別支援教育のエースで4番「視覚支援」を例に説明してみますね。

2 気づいてほしい！ あなたのまわりの「視覚支援」

特別支援教育においてエースで4番の活躍をするのが「視覚支援」です。

「視覚支援」とは、いちばんシンプルに説明すると「パッと見でわかる（わかりやすい）」支援のことです。

特別支援学校では「絵カード」「スケジュール」「手順書」など、いたるところで子どもの活動をサポートしてくれています。

「パッと見でわかる」と「具体的」に理解できるので「見通し」がもて、ストレスを減らすことができます。ですが、この「視覚支援」は、実はわたしたちの日常生活のいたるところにも存在しています。

たとえば、メニュー表。

ファミレスやファストフード店など、多くの飲食店では商品名や価格といっしょに「料理の写真」が掲載されていることがほとんどです。

ちょうど今この原稿をファミレスで書いているので、ちょっとメニュー表を見てリアルタイムの情報をお届けしますね。

な、なんということでしょう……すべてのメニューに「料理の写真」が載っています。サイドメニューもすべて。さすがは老若男女が利用するファミリーレストラン。どんな人にもやさしい配慮です。

もちろん、わたしはひとつも写真のないメニュー表を渡されても、注文自体に困ることはありません。ただ、写真があればいろんなことが「パッと見でわかる」ようになります。決めやすくなります。

人は「見通しがもてない」ことで不安になります。決断にストレスがかかりやすくなってしまいます。

ちなみに、さっき頼んだ「幕の内定食」は、写真がなければ頼んでなかったと思いま

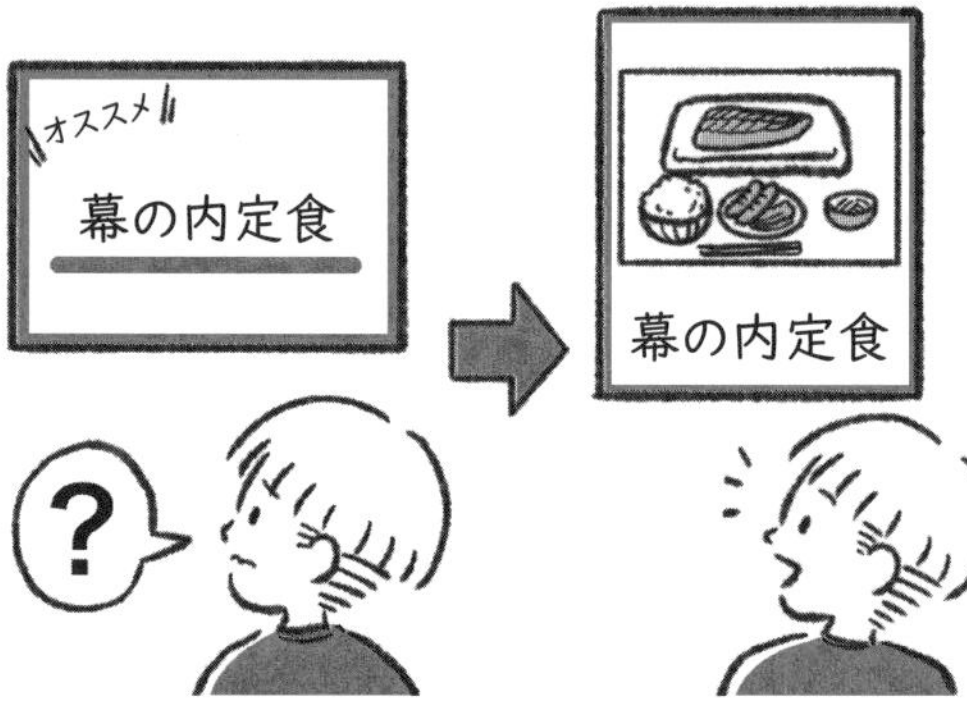

す。「幕の内」なんて文字だけだと中身は一切わからないので。文字だけだと抽象的な「幕の内定食」は、写真があることで、「塩サバ、目玉焼き、ベーコンにウインナー。漬物と小鉢もついているんだ」と、「パッと見でわかる」ことができました。言い方をかえると「具体的に知る」ことができました。

わたしは、「幕の内定食」に「見通し」をもち、ストレスが少ない状態で注文できたのです。

ほかにも街中でしょっちゅう目にする視覚支援は「ピクトグラム」です。

たとえば「トイレ」の位置を示す表示。

「トイレ」の文字ではなく、「」と表示されていることがほとんどです。仮に「トイレ」や「toilet」の文字だと理解できない人だって「」のピクトグラムがあれば「あ、トイレなんだな」とグッと理解しやすくなります。

そう考えると視覚支援は、**「パッと見でわかる」はもちろんのこと、「(多くの人が)よりわかりやすい」支援**だとも言えそうですね。

海外旅行では、みなさんも多くのメニュー写真やピクトグラムにたくさん救われますよね。そのときに感じる気持ちが、発達につまずきのある子のサポートをするうえでとっても大事だってことを覚えておいてください。

ちなみに台湾に行ったとき、「赤信号の残り秒数」がカウントダウンで表示されていて「めちゃくちゃ見通しをもちやすい！」と興奮しました。日本でも増やしてくださーい。

実は、この本にもそんな「視覚支援」を採用しています。読んでいて気づいた方もいるかもしれません。この本の本文で使っているフォントがそうです。

▲本文で使っているフォント。より多くの人にとっての「読みやすさ」が配慮されています。

▲2画目と3画目がつながっていると、「さ」だと認識できない場合も。

発達につまずきがあったり、障害をもっていたりすると、上の2つが「おなじ文字」ということがなかなか理解しづらいことがあります。だから、特別支援学校での資料や掲示物では、だれの目にも認識しやすくて、読みやすいように設計された「ユニバーサルデザイン」の文字が使われていることがほとんどです。

というわけで、いたるところに潜む「あれ？これも視覚支援かも」に、これからの生活で気づいてくれたらうれしいです。そしたらきっとわかるから。**「特別支援教育はなにも特別じゃないな」**って。**「特別支援教育は全人類に有効」**だって。

第1章

子どもの「自立」をどう考える？

障害や特性があったってなくたって、子育ての最大のテーマと言っても過言ではない「自立」。子どもへの向き合い方を考えるまえに、大人であるみなさんが、「自立」をどう捉えていけばいいか、そのヒントをお伝えします。

1 子どもが「自立する」ってどういうこと？

特別支援学校では「自立」がとても大きなテーマ。

けれど、「〝自立〟ってどういうこと？」と改めて聞かれると、とてもむずかしいです。

子育てをしているみなさんも、答えに迷いますよね？

子どもに対して学校や家庭で言う「自立」は、「将来仕事をして稼いだお金で衣食住をまかなえること」と考えることが多いように感じます。でも、専業主婦（主夫）など、直接お金を稼いでいない人が自立していないかといえば、そうではないですよね。

病気や障害など、なんらかの理由で働くことや暮らせるだけの十分な給与をもらえない人が自立していないわけでもない。

ということは、「自立」を「将来仕事をして稼いだお金で衣食住をまかなえること」とするのはちょっとちがう気がします。

ちなみに辞書で「自立」を調べると、

ほかの援助や支配を受けず、自分の力で判断したり身を立てたりすること。ひとりだち。

このように解説されていることが多いです。

ただ、この「自立」を、発達につまずきのある子どもたちに求めるのはとてもきびしく、きゅうくつです。

そこで、わたしが特別支援学校の先生として子どもたちに対して考える「自立」は、つぎのようなものです。

今の自分が「できること」と「できないこと」を知ったうえで「できること」を増やし、「できないこと」を多くの人やものに助けてもらいながら生活する力。

少し解説しますね。

「できること」と「できないこと」に分けましたが、ここは「わかること」「わからないこと」もそうですし「得意なこと」「苦手なこと」もあてはまります。

「したほうがいいこと」「しなくてもいいこと」や「助けが必要ないこと」「助けが必要なこと」なんかもいいですよね。

状況によって使い分けて考えます。

あたりまえですが、**わたしたちは「全部をひとりでできる」必要なんてありません。**

というか、無理です。そんなこと。

たとえば「自転車のパンクを直す」が「できること」なら自分で直せばいいし、「できないこと」なら自転車屋さんなど「できる」人に頼めばいい。

「パンク修理だって自分で「できる」にこしたことはないですが、「できない」ことだとしても「できる」人にやってもらえれば問題ありません。

つまり、「できる」は多いほうがいいけれど、なんでもかんでも「できる」ことが「自立」ではありません。

「できない」ことを知り、それを伝え、助けてもらえる力だっておなじくらい大切です。

ただし、生活をしていくうえで最低限「できたほうがいいこと」はあります。

「できたほうがいいこと」を「できること」にしていく必要があります。

ここでの「できたほうがいいこと」は「日常生活で触れる回数がとにかく多いスキル」がほとんどです。

特別支援学校では、まず子ども一人ひとりの、現時点での「できること」と「できないこと」をできるだけ見極めます。

子どもたちが社会で生活していくうえで、なにが「できる」のか、「できない」のかを本人やまわりが理解し、必要なら伝え合い、支え合う。

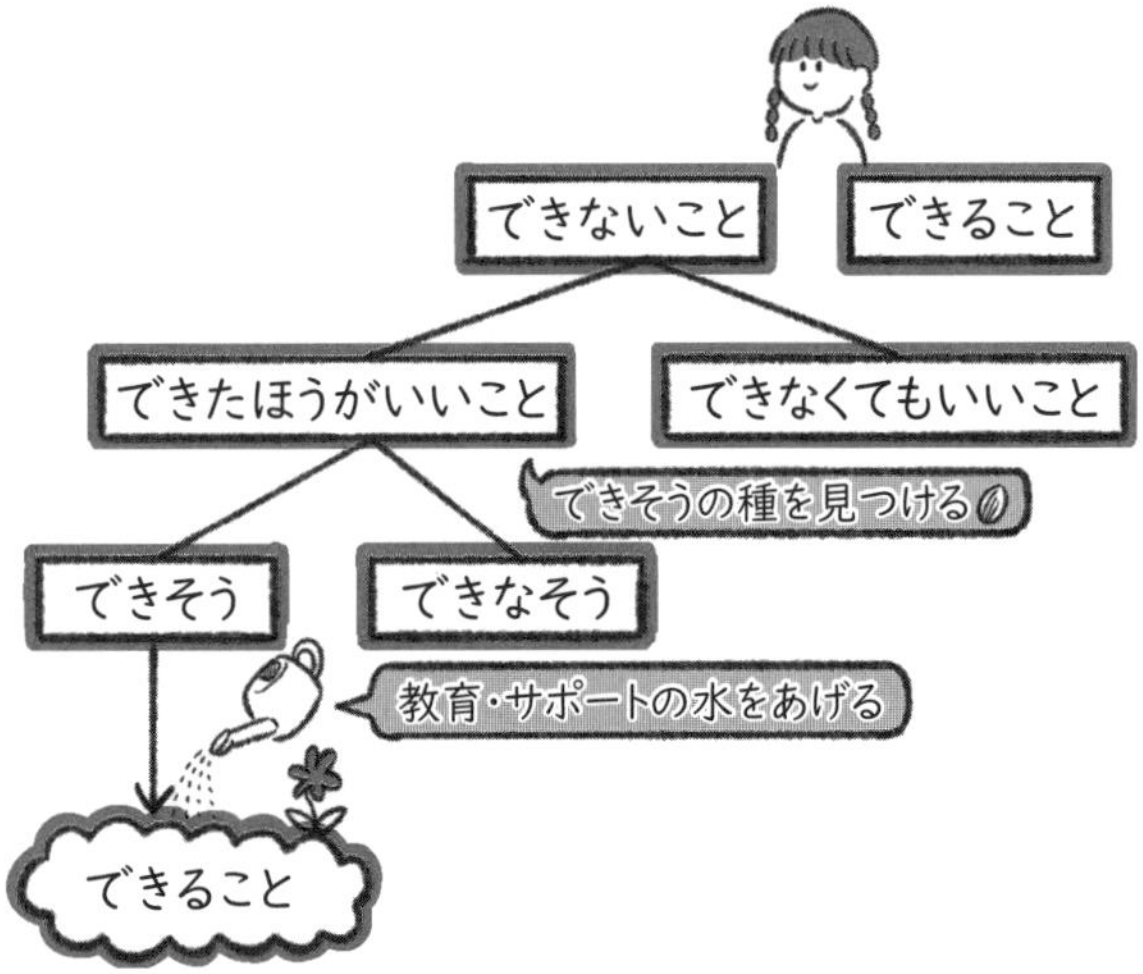

そして、「できない」ことの中から「できたほうがいいこと」を探す。

「できたほうがいいこと」の中から「できそう」の種を見つけてくる。

「できそう」の種に「教育」や「サポート」の水をあげる。

小さな「できた」の花が咲く。

それでも「できない」ことは、まわりに伝えて助けてもらう。

これを繰り返していくことで、少しずつ「自立」した大人に近づいていきます。もちろん、人によって目指すべき「自立」はちがいます。

「できること」を小さく小さく重ねましょう。

平熱のひとこと

☑ 虫歯を自分で治せる人いなくない？

2 「できないことが多い」＝「自立できていない」じゃない

わたしたちは、大人になるにつれ「身のまわりのこと」をなるべく自分でやっていかなければなりません。

ここで、大切なことを言います。何度でも言います。

だからと言って、なんでもかんでも自分で「できる」必要はないんです。

自分で「できないこと」が多いことと「自立できていない」はイコールじゃありません。

33ページでも触れましたが、生活をしていくうえで最低限「できたほうがいいこと」は「日常生活で触れる回数がとにかく多いスキル」がほとんど。つまり「身のまわりのこと」は「できたほうがいいこと」です。

「身のまわりのこと」を具体的にイメージする場合は、やはり「ひとり暮らし」で必要なことと考えるのがわかりやすいです。

もちろん、必ずしも「ひとり暮らし」がゴールではありません。「ひとり暮らし」がむずかしくても、実家で生活したり、グループホームなどで生活したりするなど、いろんな生活の仕方があります。

繰り返しますが、**ひとり暮らしが「できない」からといって「自立できていない」わけではありません。**

特別支援学校で学習する主な「身のまわりのこと」と言えば、

- ・身辺自立（着替え、排泄、食事、入浴など）
- ・家事スキル（料理、洗濯、掃除など）
- ・文字を読む
- ・文字を書く

・数字（お金）の理解や計算
・金銭管理
・困ったときの対処
・連絡ツールの使い方
・移動
・ルールやマナーの理解

などなど、これらはすべて「できたほうがいいこと」です。

けれど、**「できたほうがいいこと」はその子によってもちがうし、時代や環境によっても変わります。**

ひと昔まえまで「できたほうがいいこと」だった「お札と硬貨を正確に数えて、買い物をする」は、今では「電子マネーをチャージして買い物をする」に置き換わりつつあります。

「文字を書く」ことはもちろん「できたほうがいいこと」ですが、メールやチャット機能が充実するにつれ「文字を書く」機会はどんどん減り、「文字を読む」ことができれば困らないことが増えました。だから、「書く」「読む」を教えるバランスも変わってきます。

「文字を書く」スキルを「タイピングができる」「フリック入力ができる」などのスキルに置き換え、日常生活での困りごとを少なくしていくことも大切です。

どの項目に関しても、最終的に目指すところは「ひとりでできる」ですが、「ひとりでできる」がむずかしいこともたくさんあります。

その場合、「ここまではできるけど、ここからはできない」「このままじゃできないけど、こんなサポートがあればできる」といった自分の「できる・できない」の線引きや扱い方を知っておけたらグッドです。人に伝えられたらグレイトです。


高いところにある本が取れなくても、背の高い人に頼んだり台の上に乗ったりすれば取ることができます。

地図が読めなくても、人にたずねたりスマートフォンのナビアプリを使ったりすれば目的地までたどりつけます。


その子の性格、特性、得意や苦手、助けてくれる家族やサービス、そんなことを引っくるめて「できたほうがいいこと」の中から優先順位を決めましょう。そのリストの上から順に「できる」を増やし、濃くしていきましょう。

それでも「できない」ところは、代わりの手段を探したり、助けてもらう練習をすれば大丈夫。

ひとつずつ考えて行動をしていけば、少しずつ、でも着実に、「自立」に近づくことができてくよ。

平熱のひとこと

☑ たくさんの人やものを頼って、「できないこと」を助けてもらえるなら、それは立派な「自立」です。

3 「苦手なこと」は「できなくてもなんとかなる」と思っておく

じっとしていられない、忘れ物が多い、急な予定変更でパニックになる、集中が続かない、計画性がない、整理・整頓ができない、相手の都合を考えず自分の話ばかりしてしまう……。

発達につまずきのある子どもたちは、その特性ゆえにこのような「苦手なこと」を抱えています。

特別支援学校で、保護者の方に「できてほしいこと」や「困っていること」を聞くと、当然ですが「苦手なこと」が原因で苦戦していることが多いです。では、発達につまずきのある子どもたちが抱える「苦手なこと」に、わたしたち、そして子ども自身はどう向き合っていけばいいでしょうか。

これも、基本的な考え方は34ページの図を見てください。

今もっている知識やスキルを「できる」「できない」に分けたうえで進めていきます。まず「できない」の中から「できたほうがいいこと」を探します。つぎに「できたほうがいいこと」の中から「できそうなこと」を見つけます。

ここで、ひとつ大事な話をします。

「苦手なこと」と向き合っていくには、「できたほうがいい」と「できなくてもなんとかなる」を同時にもつ。このことを意識して取り組んでみてください。

たとえば、特別支援学校でよく目にする保護者からのニーズに「友だちといっしょに仲良くあそんでほしい」があります。もちろん、言いたいことはわかります。「友だちといっしょにあそぶ」は、学校生活でもその先の生活でも、とっても大事なスキルですし、「できたほうがいい」のはまちがいありません。

このニーズ自体を否定するつもりは1ミリだってありません。

ただ、わかっていてほしいのは**「友だちといっしょにあそぶ」は「ひとりであそぶ」より上でも下でもなんでもないこと**。大切なのは、その子が自分自身にとってのベストなあそび方を知り、まわりがそれを尊重できることです。

社会の流れもそうなってきました。最近では「ひとりであそぶ」ことが尊重され、雑誌やテレビで、たくさんの魅力的なソロ活動が特集されています。ソロキャンプとグループキャンプのどちらかが優れているわけでもありません。ひとりで焚き火を堪能《たんのう》することも、みんなでバーベキューをすることも、どちらも尊重されるべきなんです。

すなわち、**「友だちといっしょにあそぶ」は「できなくてもなんとかなる」と理解したうえで「できたほうがいい」こととして捉えましょう**。

「ひとりであそべているから、とりあえずはオッケー。でも、今後のことを考えると、友だちとあそべたほうがいいいな」

「友だちとなかなかうまくあそべないけど、ひとりであそぶのはたのしめているみたい。だから、こっちが常に友だちとあそぶことを強要するのはよくないな」

こんなふうに捉えることが、「できたほうがいい」と「できなくてもなんとかなる」を同時にもつということです。

やっちゃいけないのは、現状や将来への不安や焦りから「友だちとあそんでほしい」気持ちが強すぎて、ひとりであそべていることを無視して、「どうしてあなたはいつもひとりなの!?　なんで友だちとあそべないの？」と、ひとりであそぶことを否定的に捉え、やりたくないことを強要すること。

苦手なことは「できたほうがいい」と「できなくてもなんとかなる」を同時にもって向き合うことからはじめましょう。そのつぎに、「できたほうがいい」を小さく小さく狙いましょう。

平熱のひとこと

☑ ソロキャンプたのしんでいる人を強引に大人数のバーベキューに連れてくの地獄じゃない？

4 大切なのは「怒らない」んじゃなく、「怒りを爆発させない」こと

大人になって社会で生活していくためには、感情のコントロールができるようになっていかなければなりません。

「たのしい」「うれしい」感情は好きなだけ爆発させてください。「悲しい」「つらい」も我慢しすぎちゃいけません。

でも、「怒り」だけは上手にコントロールしていきましょう。そうじゃないと、いつもトラブルがついてまわることになってしまいます。

まず、「怒りの感情」と向き合うときに大事なことを伝えます。

大切なのは「怒らない」ことじゃなく、怒りを「爆発させないこと」です。

だいたい、「怒らない」なんてできなくない？

心が広くて気が長く、めったなことじゃ怒らない仙人みたいな人もいるにはいるけれど、それはちょっと別の話。

障害があろうがなかろうが、発達につまずきがあろうがなかろうが、子どもだけじゃなく大人だって「怒り」を完全にとっぱらうのは無理なんです。ただ、それでも怒りを「爆発させないこと」は練習していかなくてはいけません。それが大人の作法です。

発達につまずきのある子どもたちは、

ゲームの勝ち負け、順番、順位、予定などに「こだわり」をもってしまうことがあります。この「こだわり」をきっかけに、怒りが爆発しちゃいます。ゲームに負けたら泣いて暴れてトラブルを起こしたり、「１番じゃないと嫌だ！」と駄々をこね、まわりを困らせたり。

わたしたち大人だって、日常生活でいろんなことに腹が立ちますよね。自分の思い通りにいかないことや、理不尽な扱い、心ない言葉、自分勝手な人なんかに「怒り」を覚えちゃいます。

けれど、どうにかこうにか怒りを爆発させないよう、コントロールして暮らしています。

怒りやイライラをコントロールできず、いつも威圧や不機嫌で人を支配しちゃう残念な人もいますが、それは「大人」ではありません。モデルにしちゃいけません。

では、特別支援教育ではどのように「怒りの感情をコントロール」していくのでしょう。具体的なお話は１２４ページでお伝えしますが、みなさんに知ってほしいのは、まずこれだけ。

「怒ること」がいけないのではなく、よくない「怒り方（怒りの表し方）」があるということ。

そこを切り分けて理解しておくだけで、お子さんの怒りがなにかの拍子に爆発してしまったときにも、落ち着いて対処できるはず。覚えておいてくださいね。

平熱のひとこと

☑ 腹が立つことがあったからって、店員さんにどなりちらすような人は、大人でもなんでもないよ。

5 「好きなこと」は、こんなに人生にプラスになる！

特別支援学校では、子どもの「好きなこと」「興味・関心」に沿って教材をつくったり、授業を考えたりします。

好きなキャラクターを登場させた文章で漢字の勉強をする、好きな食べ物で数を数える、ほしいゲームを買うための買い物を練習する……。

おなじ漢字の勉強でも、味気ない例文が並ぶより、少しでも興味を引く文章で覚えたほうがたのしいですよね。

発達につまずきのある子どもたちにとって「好きなこと」が有効なのは、数や漢字、お金の勉強をするときだけでしょうか？

もちろんそんなことはありません。「好きなこと」があると、こんなにいいことがあります。

まず、「ごほうび」になります。

これは、障害のあるなし、大人も子どもも関係ありません。なにかをがんばれば、「ごほうび」がある。世界はほとんどこれで成り立っていると言っていいほど、単純で強力な公式です。

「ごほうび」は活動の「動機」になります。嫌なこと、苦手なことに立ち向かう「ガソリン」になります。

わたしたちだってそうじゃないですか。「1カ月働いたら給料が振り込まれる」からがんばって働いているわけです。がんばってもがんばっても「ごほうび（給料）」が出ないのなら、今すぐ光の速さで辞表を叩きつけます。

つぎに、「選択」がしやすくなります。

特別支援学校では「選択」もしくは「駆け引き」をたくさん練習します。「これがやりたい！　これは嫌だ！」だけでは、いろんなことに耐えられません。生きていくのが

しんどくなります。だから「選択」して「実践」できるように練習します。

いちばん簡単な選択の練習は、「好き」と「嫌い」から選ぶことです。もちろん、みんな「好き」を選びます。

そこで大事なのは「嫌い」と「ちょっと嫌い」から「ちょっと嫌い」を選び、それを実践する力です。つまり**「これは嫌いだけど、あっちよりはマシだな」と自分でいろんなことと「駆け引き」をして、「折り合い」をつける力**です。

「ちょっと嫌い」は言いかえれば「嫌いよりは好き」ですよね。これも「(少しでも)好きなこと」がある効果です。「好きなこと」はいろんな種類、いろんな濃度でもっておけると、選択の幅が広がります。

最後に、人生がたのしくなります。あたりまえですね。

特別支援学校の卒業生が働く事業所の方が言っていました。

「仕事が続く人の大きな理由のひとつは、仕事とは別に〝好きなものがある〟ことです」と。みんな、仕事をする理由はひとつだけじゃありません。たくさんの小さな理由がくっついています。

お金のため。自分のため。家族のため。働くこと自体にやりがいや社会的意義を感じる人もいます。仕事を通じて自己肯定感を高める人もいます。

ただ、どんな理由があろうとも、だれだって仕事がしんどくて嫌になって投げ出したくなることがあります。そんなとき、仕事とは別に「好きなこと」があれば、続ける理由になるかもしれません。趣味は、寿命を延ばしてくれます。

大好きなアイドル、動画、アニメ、スイーツ、映画、ファッション、音楽……なんだっていいんです。それらを味わうためにお金を稼ぎ、それらを味わうために、仕事をがんばる。そんな生活サイクルをまわせていけたら、人生はたのしくなります。

好きなことは、なんでもいいです。

みんなが好きなものが好きでもいいし、みんなが嫌いなものが好きでもいい。流行ってるものが好きでもいいし、流行ってないものが好きでもいい。

おなじ性別や年齢の人が好きなことが好きでもいいし、ちがう性別や年齢の人が好きなことが好きでもいい。

ただ、**できるならいろんな「好き」があればいいなと思います。**

「好きなこと」が多ければ多いほうがいいってわけでもありません。ですが、「好きなこと」がちょっとしかないと、それがなくなったときのダメージが大きいし、それができない(使えない)場面では苦しむことになってしまいます。

子どもたちには、たくさんの経験をしながらたくさんの「好きなこと」に出会い、勉強や仕事のガソリンにしてほしい。選ぶ基準にしてほしい。人生をたのしくしてほしい。そう思います。

第2章

大人も子どもも しんどくならない サポートのポイント

「これって直したほうがいいの？」「どう伝えればいい？」子どもと向き合う大人の悩みはつきませんよね。この章では、発達につまずきのある子をサポートするにあたっての、基本の考え方、関わり方をお伝えしていきます。

1

「見えてる」行動の原因は「見えない」ところにあるかもよ

見えるところって、気になるんです。
見えるところって、そこを直せば解決すると思っちゃうんです。
花を咲かせるには、花じゃない部分の手入れが必要です。肥料をやり、水をやり、日光にあて、風を通し、湿度や温度を気にかけないといけません。

子どもの「よくない」行動は、目につきます。「できない」ことが目につきます。反射的に怒りたくなる気持ちもわかります。でも、一度立ち止まってみてください。

イラッとしちゃうその行動は「見えているところ」であって、その原因となる「見えないところ」を考えていないんじゃないですか？

たとえば、「授業中にウロウロしてしまう」子どもに「ウロウロしないで座ってなさい！」と怒るのは簡単です。怒られた子どもだって、先生がこわいし、怒られるのは嫌だから、その場では座るかもしれません。でも、きっと長くは続きません。

明日には立ってるかもしれないし、つぎの授業で立ってるかもしれない。先生がこわくて座り続けていられても、ストレスが小さいわけがありません。あたりまえですよね。

だって**「ウロウロする」＝「見えてるところ」に対してのアプローチは行ったものの、「どうして」ウロウロするのか＝「見えないところ」にはまったく触れてないんだもん。**

花びらがよく見えるように花の向きを変えただけじゃ、花はきれいに咲きません。**この子が「どうして」ウロウロしちゃうのかを考えないと、原因は突き止められません。**

子ども自身がその理由を伝えてくれればいっしょに解決していけますが、発達につまずきのある子どもたちには、それが苦手なことも多いです。自分自身が「どうして」ウロウロしちゃうのかわかってないことだってあります。

だから、わたしたちは考えないといけません。「どうして」そうしちゃうのかを。

・授業がわからないからかな？
・苦手な音や感触があるのかな？
・イスの高さが合ってないのかな？
・正しい授業の受け方がわかってないのかも
・ウロウロして、みんなの気を引きたいのかも

どれが当たってるかなんてわかりませんし、どれでもないかもしれない。それでもなるべくたくさん考えていかないといけません。

ひとりで見つけられなくてもいいんです。そのときは、だれかといっしょに探しましょう。ほかの授業やうまくいった場面と比較して、原因を探っていきましょう。

あの授業では比較的落ち着いてるかも。
火曜日の国語だけはウロウロしないな。
そういえば給食は絶対に座ってるな。

こんなふうに、いろいろ考えてみてください。

もし、4時間目になると必ず「ウロウロする」んだったら、もしかしたら「お腹が空いている」だけかもしれません。だったらいくらわかりやすい授業をしても、原因が解決されません。「座りなさい！」なんて怒っても、お腹は空いたままです。

ハッキリした原因がわからないこともありますし、わかったところで対策がむずかしいことも多いですが、ここでは**「見えるところ」だけじゃなく、「見えないところ」に目を向けて、その原因を解決していくことが大切**だということを、知ってくれたらうれしいです。

2 やるべきことが、やりやすくなる環境を整える

発達につまずきのある子どもたちには「適切な環境を整える」ことが大切です。

こう書くと、なんだかとってもむずかしいように聞こえますが

「やるべきことが、やりやすい環境を整える」

だと理解してくれればオッケーです。

たとえば、バランスボールに座り、暗い手元で裁縫をする人なんていませんよね。やれなくはないけど、やりにくいったらありゃしません。

裁縫は、適切な高さで安定したイスに座り、手元を明るく照らして行います。

例は、ずいぶん極端にわかりやすく書きましたが、実際に子どものまわりの環境を考えるときもこのように、とにかく「やるべきことが、（少しでも）やりやすい環境を整

える」を意識してみてください。

「やるべきことが、やりやすい環境を整える」なんてのは、障害があろうがなかろうが、子どもだろうが大人だろうが関係ありません。

クリーンなデスクのほうが作業はしやすいし、なくし物も少ない。日光があたり、緑が多く、清潔なオフィスのほうが、仕事ははかどります。キッチンは広いほうがいいし、長距離を歩くなら革靴よりもランニングシューズです。

ちなみにわたしはオープンなスペースより、ちょっときゅうくつな場所でデスクワークをするほうが得意です。

目のまえや両脇が壁で囲われているともう最高です。視界がさえぎられて作業がはかどります。

できればノイズキャンセリングのイヤフォンもほしいです。

みなさんにもあるでしょう？　こんなふうに「やるべきことが、やりやすい」環境が。

なので、**その子の「やるべきこと」に対して、どうすれば「やりやすい」かを考えて、**

試して、修正していってみてください。

また、「やるべきことを、やりやすい環境」は、あたりまえですが子どもによってちがいます。だから、その子の様子をよく見ないといけません。

- どんなときにうまくいったか、どんなときにうまくいかなかったか
- なにが得意で、なにが苦手か
- 集中していられるのはどのくらいの時間か
- 我慢強いかどうか
- 天気や気圧で調子を崩さないか
- 助けを求めるスキルがあるか、ないか

こんなことを考えながら「適切な環境」を整えていかなければなりません。

特別支援学校で子どもたちに行うサポートや教育は「オーダーメイド」です。一人ひ

とりちがいます。

障害の程度や種類、家庭環境、住居の状況などで、できるサポートも異なります。

だから、すぐにはうまくいきません。絶対の正解もありません。

環境を整えるわたしたちも肩肘を張らず、「少しでも、やりやすい」環境をまずは目指していきましょう。

「どうやったらうまくいくかな？」を、その子の能力や努力の外側から助けられないか考えていけたらいいですね。

平熱のひとこと

☑ 目のまえを壁で囲まれているからこそ、ラーメンの味に集中できるんだぜ！

3

「またやりたくなる」があれば「できること」を増やせる

あなたが「またやりたくなる」のはどんなことでしょうか。

推しのライブに行くこと？

風呂上がりにビールを飲み干すこと？

キャンプに行くこと？

映画を観ること？

どんなことにせよ「たのしいこと」「うれしいこと」「おいしいこと」「心地よいこと」などポジティブな理由が並びます。


反対に、「しんどいこと」「つらいこと」「悲しいこと」しかないのに「またやりたくなる」なんてことはないですよね。あたりまえです。特別支援学校に通う子どもたちも、みなさんとおなじように「たのしいこと」「うれしいこと」なんかは永遠にやってくれます。YouTubeなんて8000時間見てくれます。

この**「またやりたくなる」をうまく導くことができれば、子どもの「できること」が増える確率がグッと上がります**。

まずは、「たのしいこと」「うれしいこと」をベースにしながら「またやりたくなる」の中身を、もう少し考えてみましょう。

「またやりたくなる」の「また」の部分は、「コスト＜うれしい気持ち」がないとしんどいです。

家族のために「〝また〟料理をつくりたい」と思うのはどんなときか。

食材が集めやすく、調理が簡単で短時間、家族から「おいしい！」と言われる、こんなサイクルです。

「あの店にしか売ってない食材」「手間も時間もかかる料理」「食べ終わった家族からなにも言われない」がそろった環境で「また」やりたくなる人なんて、採用面接に向かう途中で助けたおじいちゃんが面接先の会長だったくらいのレア度です。

発達につまずきのある子どもたちに、なにかに取り組んでもらうときもおなじような考え方で接します。

彼らにとって「コスト＜うれしい気持ち」になっているかどうか。ここを考えながら課題をつくったり、声かけをしたりしていきます。

そのためには、つぎの2つの工夫をしていかなければなりません。

①コストを減らす工夫

子どもたちにとって**ちょうどいい負荷になるように、活動の「手間」や「時間」を減らし、なるべく効果の高い課題を考えます。**

ただ、その子の特性や性格、環境によって「ねらい」や「目標」は変わるので、それぞれでトライ＆エラーを繰り返しながら調整が必要です。

②うれしい気持ちを大きくする工夫

がんばって取り組んだ先、または取り組んでいる最中に**「うれしい気持ち」や「達成**

感」を得られるようにしていきます。

たとえば「なみ縫い」を練習する場合。

このときに

「この授業の終わりまで、2ミリ幅のなみ縫いをして三角形をつくりましょう」

では、子どもにとってむずかしいし、たのしくありません。

では、こうだったらどうでしょう？

「大好きなキャラクターのコースターを、5ミリ幅のなみ縫いでつくりましょう。完成したら持って帰っていいですよ。20分作業したら、5分休憩しましょう」

これなら、作業のしんどさがずいぶん減り、たのしく取り組めます。

解説します。

2ミリ幅ではなく5ミリ幅になると、針を刺す回数がもう全然ちがいます。

時間を細かく区切り、かつ休憩も提示されているので、長く集中することや体力がない子どもたちも取り組みやすくなります（これが①**コストを減らす工夫**）。

そして、やみくもになみ縫いをするのではなく「大好きなキャラクター」が完成していくほうが、当然モチベーションが上がります。縫って終わりではなく、持ち帰ってコースターとして使えるほうがたのしく作業に取り組めます。

また、作業の途中に、

「縫うところをよく見て、丁寧に縫えてるね」

「足の部分が完成したんだ！」

など、子どもがうれしくなるような声かけをしていくと、なおグッドです（これが②**うれしい気持ちを大きくする工夫**）。

これらの工夫で**「コスト＜うれしい気持ち」として活動に取り組めた子どもたちは「またやりたい」と感じてくれるのではないでしょうか**。

もちろん、サポートの方法や課題設定、もしくは休憩時間のサイクルやごほうびまで、子ども一人ひとりの「ちょうどいい」を探すのは簡単ではありません。

簡単すぎず、むずかしすぎず。楽すぎず、しんどすぎない課題。

子どもの様子をよく見ながら、「ちょうどいい」を目指して少しずつ修正を重ね、「またやりたい」をゆっくりつくっていきましょう。

平熱のひとこと

☑「また会いたい」と言われたい人生でした。

4 子どもの「困った行動」を0《ゼロ》にすることにこだわらない

発達につまずきのある子は、いろいろな「困った行動（言動）」をしてしまうことがあります。

「困った行動」とひと口に言っても、小さいものから大きいものまであります。許せるのから許せないものまであります。そのどれもが、特別支援学校では日常茶飯事に起こっているできごとです。

そんな「困った行動」に対する考え方をお伝えします。

大きさや程度にかかわらず「困った行動」はなくしていくべきです。でも、それをすべて「0」にしようとするのは、大人も子どももしんどいです。

「できたか」「できてないか」にこだわっちゃうと、たしかに結果は「0」か「100」かもしれません。でも、少し立ち止まって考えればわかります。

わたしたちが送る日々の生活で「不適切な行動」が「0」なんてことがありますか？障害があろうがなかろうが、だれだって「不適切な行動」が「0」になれば最高です。でも、それはとってもむずかしい。

だから、まず子どもと関わるときに大事にしなきゃいけないのは、**不適切な行動が減ったり弱まったりしていること**です。

気をつけるのは、**「0になること」じゃなく「0に向かっていること」です**。

「0」じゃなくとも、「社会的に許してもらえそうな範囲」や「失敗してもリカバリーできる範囲」が狙えれば十分じゃないかな。

わたしたちだってそうでしょう？

全部が完ぺきにこなせている（困った行動が0）なんてわけないけど、なんとか社会で生活していけるのは、困った行動を減らしたり弱めたりできているからです。

だから、まわりにいる大人が「困った行動」が少しでも目についたからといって、「できてない！（＝0じゃない！）」と腹を立ててばかりじゃダメなんです。「なんでできないの!?」なんて怒ってばかりじゃダメなんです。

もう一度お伝えします。気をつけて見なきゃいけないのは、**（まわりにいる人や環境のサポートで）不適切な行動が減ったか、弱まったかです**。困った行動を「した」か「してないか」じゃありません。

わたしたちが伝えたり、子どもといっしょに考えたりしなきゃいけないのは、**困った行動が出たときに「そもそも防ぐことはできなかったか」「どうすればリカバリーできるか」「どうやって謝ればいいか」「つぎはどうやったらうまくやれるか」です**。

つぎに、「（困った行動が出るまでの）適切な行動」をしっかり評価することです。行動がまだ「困った」の範囲だったとしても、減ったり弱まったりしていれば、「前回は○○しちゃってたけど、今回は△△になっててよかったよ！　つぎは☆☆ができるともっといいね！」

なんて前向きな言葉をかけることです。


「今よくない」と「よくなっている」は同時にもてます。

「今よくない」ばかりに目を向けて「よくなっている」をほめてあげず、大人が怒ってばっかりじゃ、どっちも嫌になっちゃうよ。

「0じゃない！」と怒るより、「0に向かっている」を見つけてほめてあげられたら、大人も子どもも少しは楽になるんじゃない？

平熱のひとこと

☑「よくなっている」かどうかを判断するには、その子が「ふだんどのくらいできるか」を知っておかなきゃいけないよ。

5 行動の「まえ」と「うしろ」を考える

発達につまずきのある子どもは「○○しようね！」と声をかけても、簡単に言うことなんて聞きません。

え？　発達につまずきがなくたって聞いてくれない？

そうなんです。どんな子だって、簡単に言うことなんて聞きません。猫と子どもは言うことなんて聞きません。

「どうして言うことを聞いてくれないの？」

世界中の大人たちが、いつだって頭を抱えるこの問題。

これに対し、特別支援教育では**「行動そのもの」だけを見るのではなく「行動のきっかけ」と「行動の結果」を含めて解決しようと考えます。**

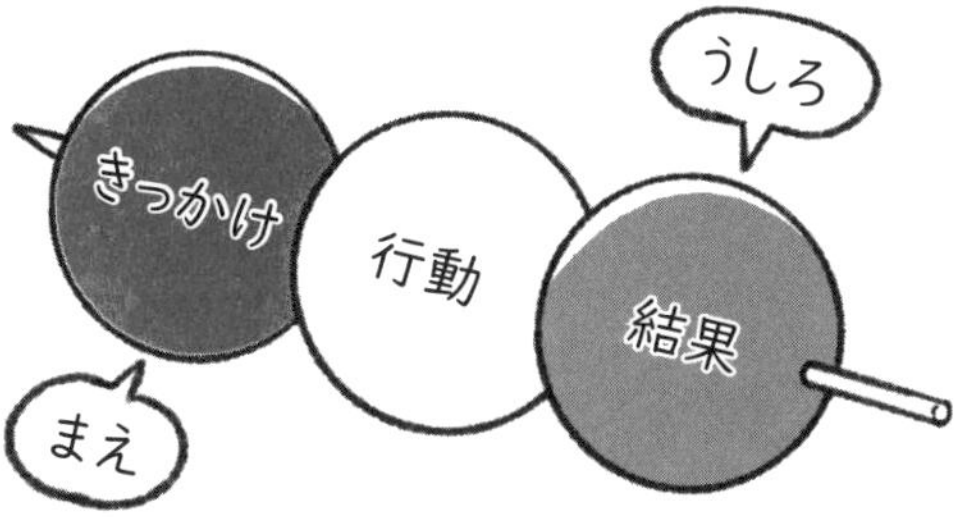

行動「だけ」を見るんじゃなく、行動の「まえ」と「うしろ」をよーく見つめます。

3色だんごみたいなものです。3色だんごは、3色あってはじめて成り立ちます。まん中の「白（行動）」だけ食べちゃいけません。まえの「ピンク（きっかけ）」とうしろの「緑（結果）」だって残さず食べてほしいんです。

今回は「困った行動」にスポットをあてて解説しますが、これは反対の「望ましい行動」でもおなじことです。

それでは「行動のきっかけ（まえ）」「行動」「行動の結果（うしろ）」について考えていきましょう。よくある課題はこれです。

「行動のきっかけ（まえ）」の課題　↓　なにをすればいいのかわからない
「行動」の課題　↓　できない（と思っちゃう）
「行動の結果（うしろ）」の課題　↓　やる気にならない

つまり、「なにをすればいいのかわからない（行動のきっかけ）」ため、「できない（行動）」から、もう「やる気にならない（行動の結果）」が1セットで起こっちゃいます。

では、どうやって対応していくか。さっきとは逆の考え方で攻めこみます。

繰り返します。3色だんごはバラバラで売ってません。3色セットでひとつの串に刺さっています。

なにをすればいいのかわからないから、
できないと思っちゃう。
そのせいで、やる気にならない。

んだったら、

なにをすればいいかわかりやすくすれば、
できると思えて、
できたらいいことがあるから、またやりたくなる。

という状況になるように考えます。

「行動」だけを見るんじゃなく、行動の「まえ」と「うしろ」も含めて考えること。

子どもの困った行動があったときや、こっちの言うことを聞いてくれないとき、脊髄反射で3色だんごを思い浮かべてくださいね。

平熱のひとこと

☑ 思い浮かべるの、3色パンでもオッケーです。

6 ルールは「先に」伝えておく

特別支援学校で子どもがなにか困った行動をしてしまったときは、**「いけないことだと『わかって（知って）いたのか』」**を、見通しの悪い交差点くらい**何度も確認**しています。

だれかの命や身体をおびやかすようなことでなければ、光の速さで怒ったり注意したりするのではなく、ひと呼吸おいて、子どもがしてしまった困った行動（言動）をいっしょに振り返ります。

「（いけないことだと）わかっているのにしてしまった」と、

「わかってないからしてしまった」

では、まったく話がちがいます。バターとマーガリンくらいちがいます。

「わかっている」なら「どうしてわかっていながらその行動をしてしまったのか」を考えなきゃいけません。一方で、「わかっていない」のなら、「ルールを先に提示すれば解決できた」かもしれません。

ここを区別せず「なにやってるんだ！　そんなことをしたらダメじゃないか！」と声を荒げるのは、決してスマートな指導じゃありません。だから、**特別支援教育では「ルールを先に伝える」がとっても大事なルールです。**

その理由のひとつは、発達につまずきのある子どもたちは、いわゆる「暗黙の了解」や「空気を読むこと」が苦手な場合が多いからです。

「言わなくてもわかってるだろう」「まわりを見ればわかるだろう」「これは一般常識だな」という、**大人が無意識に「あたりまえ」と感じていることでも、なるべく気をつけて伝える必要があります。**

たとえば、先生がなにかを説明している場面。少しでも気になることがあると、手も上げずに、突発的に質問をしてしまう子がいます。
この際「先生が説明している途中でしょ！　質問は終わってからにしなさい！」なんて注意をすると、どちらも損しかありません。先生は話を止めて注意しなくちゃいけないし、その子は「そのルールを知らなかった」から質問をしただけなのに、注意されちゃう。とても落ち込んでしまいます。

「質問は先生の話が終わったあとに、手を上げてからしてください」と「先に」伝えておけば、注意をすることなく、されることなく、話を進められたかもしれません。

「先に」ルールを伝えればなんだっていいわけではありません。その子たちにわかるような方法で伝える（↑簡単じゃないです）ことは当然ですが、わかっていることを何度も伝えることも避けなければいけません。
「わかってるし、できる」ことを何度も何度も伝えられるのはだれだってストレスですよね。

あと、「できた！」の質を上げていけるのが理想です。

いつまでも「廊下は歩きましょう」だけではなく「廊下は右側を歩きましょう」のように、**本来目指しているゴールに、子どもたちを少しずつ近づけていける説明やルールの提示ができれば、さらにナイスな指導です。**

平熱のひとこと

危険な場所に入ってからの「立入禁止」は遅くない？

はじめての土地やコミュニティーで、ルールやマナーを知らずにやってしまった行動について、いきなり大きな声で叱られたらどうでしょう。反省するより先に、「こわい」「悲しい」で心が満たされませんか？

もしかしたら、「知らなかったんだよ！」と怒りにベクトルが向くかもしれません。そんな悲しいことにならないように、わたしたちは自分の「知っててあたりまえ」に注意して、子どもと向き合っていきましょう。

7 「ちゃんと」「きちんと」は取扱注意

ふだん、わたしたちは空気を読みつつ「曖昧《あいまい》なニュアンス」でやりとりを行っています。そしてすごいことに、これらをほとんど無意識で行っています。

一方、発達につまずきのある子どもたちは、これらの「曖昧なニュアンス」、言いかえると「抽象的」な指示を苦手とすることが多いです。

たとえば「きちんとイスに座りましょう」という「曖昧なニュアンス」の指示を聞いても、わたしたちは相手の言いたいことがわかります。

でも本来、こんな指示は伝わらなくても仕方ないんです。「きちんと」なんて「抽象的」な指示じゃ、どうしたらいいかわからなくたって仕方ない。だから悪いのは決して子どもたちじゃありません。

すなわち、発達につまずきがあろうがなかろうが、子どもへの指示はなるべく「具体的」に出せるほうがいいんです。

前述の例でいうと「きちんとイスに座りましょう」ではなく、「両足の裏を床につけ、背中をイスにくっつけましょう。顔はまえに向けて、手は太ももの上に置きましょう」このくらい「具体的」に指示が出せれば、きっともっと伝わります。

「抽象的」な伝え方は「見通し」との相性がとっても悪いです。

待ち合わせに遅れてくる相手が「もうすぐ着く」なんて言ってきたらどうですか？

人によって「もうすぐ」はちがいます。

遅れてくる人の「もうすぐ」が30分で、待ってるあなたの「もうすぐ」が5分なんてことはザラにありますよね。30分もあるならちょっと動いてウインドウショッピングでもできたのに、あなたは律儀《りちぎ》にその場に留まってしまった。

30分後、「ごめんね、おまたせ！」なんて能天気に手を振り近づいてくる相手が見えた瞬間、渾身《こんしん》のラリアットをかまさなくてはなりません。

はじめから「ごめん、あと30分で着く」と**「具体的」に伝えることができていたら、待つ側も正確な「見通し」をもつことができました。**待たされるストレスもずいぶん減ったことでしょう。


また、「廊下は走りません！」のような指示もおなじです。具体的な指示のように聞こえますが「走らないとして、結局、どうすればいいの？」が残っちゃいます。

こんな場合は「廊下を歩きましょう」のように「じゃあどうすればいいのか」を相手に伝えられる指示がクールです。

むずかしいけど、気にしていけたらいいですね。


「ちゃんと」

「きちんと」

「ちょっと」

「もっと」

「もうすぐ」
「あとで」
「〜しないで！」

こんな言葉ばかり使って子どもに声をかけてしまっている人は、伝わりやすい言い方がないか探しましょう。ふだんの声かけが抽象的だと気づいたときは、ちょっと立ち止まって具体的な声かけができなかったか考えてみましょうね。

あ、ごめんなさい。「10秒」立ち止まって考えてみてくださいね。

平熱のひとこと

☑ でも、「抽象的な声かけは×」と自分を追い込んじゃダメですよ。ほどほどにー。

8 ほめるときのポイント

みなさん、お子さんをほめてます？

悪いところばかりに目がいって「ほめるところがない！」なんて四六時中怒ってばかりじゃないですか？　そんな悪党は月に代わっておしおきです。

今回は「ほめる」について考えていきます。

そもそも人を「ほめる」目的ってなんでしょう？

わかるよ、わかる。そんなに計算高く人のことをほめてないんでしょ？　そんなにあざとく生きてないですよね？　はい、わかってます。でも、大事な話なので、とりあえずいったん聞いてください。

「ほめる」の目的は、言ってしまえばこの2つです。

①ほめられた人が「うれしい気持ちになる」こと
②ほめた行動を「強める」こと

とくに保護者や先生たちが子どもをほめることに目的があるとすれば、この考え方はきっと遠くありません（いやらしい解釈だけど許してね）。

というわけで、「ほめる」の目的を「①うれしい気持ちになってもらう　②ほめた行動を強める」の2つだとしたうえで、それぞれ解説していきますね。

①ほめられた人が「うれしい気持ちになる」こと

いきなり結論ですが、**①はこちらがコントロールできることではありません。**

だってそうでしょう。まったくおなじタイミングで、おなじ表現でほめてうれしい子もいれば、そうじゃない子もいます。

赤ちゃんとおなじようにほめられて、喜ぶおじさんなんている？（いるけど）

また、ほめられる「量」が大事な子もいれば「質」が大事な子もいます。

ほめる「量」が優先される子だったら、ひとつひとつのほめるワードにとらわれすぎず、間髪入れずにどんどんほめていきましょう。極端な話、ひとつのアクションのたびにほめるくらいでも構いません。ジャブだけで試合を制すのです。

ほめる「質」が優先される子なら、強弱をつけてほめましょう。ジャブはあくまでもおとりです。基本的にクールにほめつつ、ここぞ！　というタイミングで渾身のストレートを打ち込んでノックダウンを奪いましょう。


好きなキャラクターや有名人がいるならそこを絡めてほめてもいいし、成功したときより失敗したときのチャレンジをほめてほしそうなら、そうしましょう。

ほめられてうれしいポイントは十人十色。「容姿ばかりほめられてきた美人の性格をほめるといい」って、どこかで読んだ恋愛指南本にも書いてました。


ひとつ気をつけてほしいことがあります。

「ほめる」についてインターネットでちょいと調べれば、「このワードでほめよう！」

みたいな「ほめワード」が、ポップコーンのLサイズくらいあふれかえっています。いいですか、重要なのはなにがなんでもそのワードを使ってほめることじゃありません。大事なのは、その**「ほめワード」で、ほめられた人が「うれしい気持ち」になっているかどうかです。**

言いかえれば、「ほめワードを使うこと＜その子をよく見ること」です。

ここを意識せず、「ほめワードでほめるぞ！」なんて気合を入れてしまうと、「ほめワードを使って上手にほめることのできた自分」に満足しちゃって終了です。

つまり、**「ほめる」の目的である「うれしい気持ちになってもらう」が達成されているかは、自分より相手に体重をかけていないと見つけられません。**

②ほめた行動を「強める」こと

「ほめた行動を強める」には「早く、短く、具体的」な「ほめる」を意識しましょう。

「早く、短く、具体的」でいちばん大事なのは「早く」です。

発達につまずきのある子どもたちは、記憶が苦手だったり、経験をスムーズに積み重ねていくことが苦手だったりします。

だから、子どもたちの行動から時間が空けば空くほど「なんの行動をほめられたの？」とピントがズレていってしまいます。わたしたちが、突然2年前のことをほめられて「はぁ……」ってなるのといっしょです。

だから「望ましい行動をした〝瞬間〟」です。鉄は熱すぎるうちに打て。**「行動」と「ほめる」の時間をなるべく空けずに伝えること**を意識しましょう。

そして「短く、具体的」にです。

「このチャーハン、パッラパラッ！くっつきたくてもくっつけないN極とN極、磁石のようなお米やで！　結婚式でも食べたいわ！」

という比喩まみれのグルメレポートではなく、

「このチャーハン、お米の水分を飛ばせてる！　強火で炒めたのがいいね！」

です。

まどろっこしい表現は、子どもたちの「ほめた行動を強める」には向きません。抽象的かつ情報量が多すぎて、理解するのが大変だからです。

短く具体的にほめられることで、自分の「行動」と「ほめられた」が一致すれば、**「またやってみよう！」と思ってくれる確率が上がります**。そうやって、**ほめた行動を「強める」ことができます**。


子どもがうれしい気持ちになって、彼らのスキルアップにつながればこっちもうれしい気持ちにしかなりません。世界が平和になります。

「ほめる」の正解なんて簡単に導けません。導いたつもりの正解が、まちがっているかもしれません。合っていたはずの正解が、相手の変化で正解じゃなくなることもしょっちゅうです。

それでも考えるしかありません。何度も何度も、相手を見るしかありません。

「ほめる」ことは「相手をよく見ること」と同義です。

ほめた相手がうれしそうにしてくれたなら、それをできた自分もしっかりほめてください ね。

9 叱るときのポイント

発達につまずきのある子どもたちは、まちがった行動から学び、正しい行動に修正していくことが苦手な場合が多いです。

だから、前提として、**なるべく失敗できない（まちがった行動ができない）環境を整え、正しい行動だけを積み重ね、定着させていくこと**が基本的な戦略です。特別支援教育では、この「失敗できない環境」を整えることに気を配っています。

たとえば、先生の説明を聞いてからその手順通りに工作をする授業。

このとき、説明の「まえ」に材料を配ったらどうなるでしょう。

説明をはじめるころ、子どもたちは、目のまえにある画用紙やハサミが気になって触り、集中して聞けないことがほとんどです。そしてこれを目にした先生は「説明している最中なのに、なんで画用紙やハサミを触ってるんだ！」と叱ることになります。

だれも得しないやつですね。

だから、説明の「あと」に材料を配るんです。そうすると、**説明中に材料を「触らない」ではなく「触れない」「触ることができない」環境を設定することができます。**

この例で、あえて説明の「まえ」に材料を配るときは、「今から材料を配りますが、説明している間は材料に触らず、先生の話を聞いてください」という**「正しい説明の聞き方」を提示しておくべき**でしょう。あえて「触ることのできる」状況で、触らない練習ですね。

このように、失敗「しない」ではなく、失敗「できない」環境を整えることをまずは工夫していきましょう。

冷蔵庫にビールがあるから、禁酒中であっても飲んでしまうんです。ビールがないなら飲めません。これとおなじです。

常々、わたしは「叱る」より「ほめる」を大事にしています。

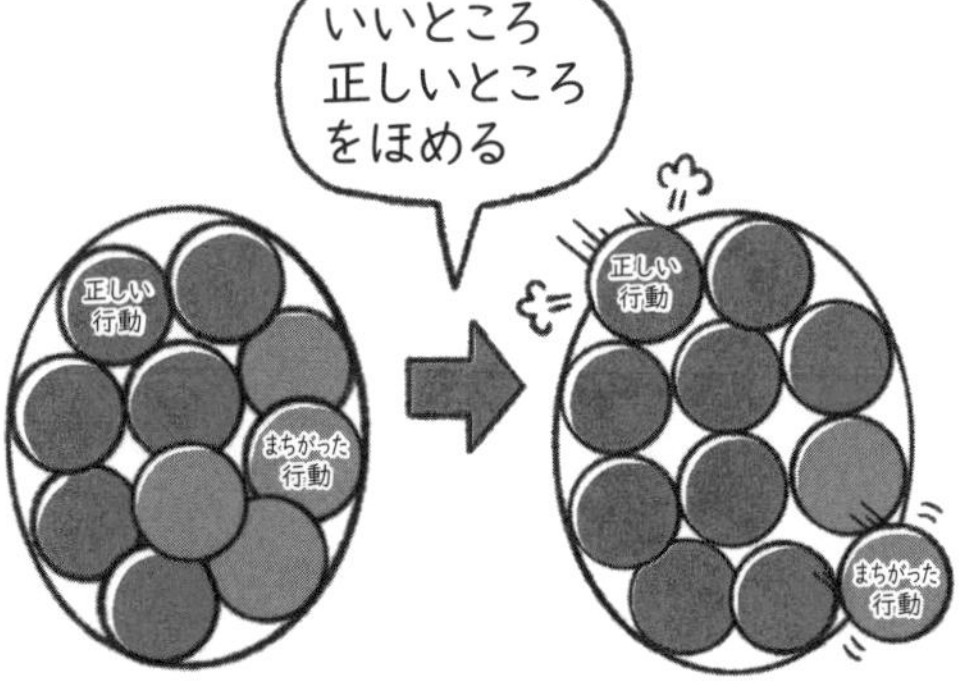

もちろん、これは決して「叱らない」を意味しているわけではありません。**「ほめる」と「叱る」の二択で、常に「ほめる」に体重をかけておくことは、「叱る」をずいぶん遠くに追いやれます。**「叱る」に体重をかけた指導はしたくないんです。「ほめる」を増やして、「叱る」を減らしていきたい。

ダメなところ、まちがったところを見つけて叱ることより、**いいところ、正しいところをほめて伸ばし、全体の行動のうち「正しい行動」の割合を増やすことで「まちがった行動」の割合を減らしていく**イメージです。

とはいえ、なんでもかんでも「ほめる」を推奨しているわけではありません。よくない行動や発言を、「適切に」叱ること、注意することは「ほめる」とおなじくらい大事です。

やっちゃいけないのは、叱ることではなく、子どもを「恐怖でコントロールすること」です。

では、どんなときに子どもに注意をしていけばいいでしょうか。

基本的には、発達につまずきがあろうがなかろうが、叱る基準にちがいはありません。いちばん極端な例は「法律に触れること」ですし、「人の心身や物を傷つけること」も当然その対象です。

反対の言い方をすると、そうじゃないことは、なるべく怒らず、落ち着いて指導をするように心がけています。

「叱る」ときに気をつけることは、とってもシンプルです。

「大声を出さず」「具体的に」「改善策まで」です。

まず、**「叱る」と「大声を出す」はイコールではありません**。「大声を出す」は、叱るほうも興奮してしまい、感情まかせの言葉を発してしまうことも多いです。また、大きな声で叱られた子は、萎縮してしまい、そのあとの言葉が入らないかもしれません。

つぎに**「なにが悪かったのか」を「具体的に」伝えることが大切です**。「なにやってんの！　ダメでしょ！」「コラ！　いいかげんにしなさい！」では子ども自身が「なにが悪かったのか」を理解しないまま、またつぎもおなじ行動をしてしまう可能性があります。

そして**「改善策まで」いっしょに考えることができれば、おなじミスをしてしまう確率を下げることができます**。

たとえば、校外学習に出かけたとき、傘の先端を後ろに突き出すように持っている子がいたとします。

よくないのは「おい！　なにやってんだ！　その持ち方は危ないだろ！」といきなり

大きな声で抽象的な注意をすることです。

子どもは無意識のうちに、もしくは悪気なくこの持ち方をしていたかもしれません。それなのに不意打ちでいきなり大きな声を出されてしまうと、それだけで頭がいっぱいになり、このあとの校外学習がたのしめないかもしれません。パニックになる可能性だってあります。

これを、

「○○さん、一度止まって。この持ち方だと、うしろの人に傘の先が当たってしまうよね。どう持つのがいいと思う？」

と落ち着いたトーンでたずねることができれば、注意された子も、

「そうか、この持ち方は危ないからよくないな。先をいつも下に向けるように持たないといけないな」

と冷静に、「なにが悪かったか」「つぎ、どうすればいいか」まで考えてくれます。

落ち着いて、**まちがった行動を具体的に理解し、行動を改善することができれば、次回から注意されずとも正しい行動に修正できる可能性が上がります。**

「叱る」ことの目的はなんでしょうか。

叱る側が、思い通りにならないストレスを発散させること？

ちがいますよね。「まちがった行動を具体的に理解させ、おなじ過ちをさせないこと」または「正しい行動に修正していくこと」です。

これらの目的を達成するために「大声を出す」や「威圧する」、つまり「恐怖でコントロールする」ことは必須ではありません。もちろん一刻を争う状況では仕方がないですし、タイミングによっては、一時的な効果はあるでしょう。

ただし、「常に」恐怖でコントロールしてしまうと、子どもたちの判断基準は「正しいかどうか」ではなく「こわいかどうか」になります。子どもが耳を傾ける理由が「正しいかどうか」ではなく「こわいかどうか」になってしまうんです。

子どもたちが、こわい人の言うことだけ聞く大人にならないよう、まずはわたしたち大人が恐怖でコントロールをしないことからはじめましょう。

「正しい」と「正しくない」は常に変化します。今まで「正しい」とされていたことが時代や環境の変化でいつのまにか「正しくない」に姿を変えていきます。

30年まえの「正しい」が、今どれだけ「正しい」として扱われていますか？

だから、わたしたちは常に敏感でいないといけません。自分の「正しい」を疑わなければいけません。いろんな人の考えや価値観に触れながら、自分の軸をつくっていくしかありません。

そして、その軸にのっとって子どもの行動や発言を注意していくしかありません。子どもの行動をジャッジしていく大人のわたしたちも、えらそうに注意するばかりじゃなく、自分を振り返り反省し、襟を正していきましょう。

平熱のひとこと

☑ **恐怖や不機嫌で、人をコントロールしちゃいけない。**

10 「どうしてできないの！」が出そうになったら

「どうしてできないの！」は、言った人が気持ちいいだけの乱暴な言葉です。言葉に具体性がなく、そのひとことで解決に向かうわけでもありません。
多くのことは、10になってはじめて「できた」と認識されます。9までできてても、「できた」とは数えてもらえません。

たとえばカレーをつくるとき。ざっとこんな工程があります。

1 つくりたいカレーを決める
2 材料を調べる
3 材料を買う

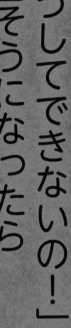

4　材料の下ごしらえをする
5　材料を切る
6　材料を炒める
7　煮込む
8　アクをとる
9　ルーを入れる
10　さらに煮込む

もう少し細かく分解します。

まず、どんなカレーをつくるのか決めます。チキンかビーフか、シーフードか。夏野菜かもしれません。

そのカレーをつくるために必要な材料を調べます。

材料を買いに行きます。

野菜を洗い、皮を剝《む》き、適切な大きさに切ります。

適切な順番、火加減、時間で野菜や肉を炒めます。

適切な大きさの鍋に炒めた材料を入れ、適切な水量、時間で煮込みます。煮込むことで出てきたアクをとります。具材がやわらかくなったか確認し、火を止め、ルーを割って溶かし、焦げつかないように底から混ぜて、さらに煮込みます。

ここまでできて、10までできて、やっとカレーが「できた」になります。

ある子は、材料を切るところまでできたとします。ここで手が止まってしまうと、カレーはできていません。だから大人はつい言っちゃいます。

「どうしてカレーができないの！」と。

もちろん、まちがってはいません。カレーはできてませんから。

ただ、子どもやわたしたちに必要なのは「どうしてカレーができないの！」と叱責《しっせき》することでしょうか？

わたしたちがしなくてはいけないのは、**「できたところまで」まずはしっかり評価してあげること**です。ほめてあげることです。

「材料を切る」までにいくつもの工程を経てきました。1から6まではできました。だから伝えましょう。
「材料を切るところまでできたんだね！　つぎは炒めていこうね！」と。

炒め方がわからないのなら、わかるように教えていきましょう。**できる方法を探し、できるようにサポートしましょう**。

もし、がんばってもできないのなら、その工程を飛ばすことも必要かもしれません。
「7はできなかったけど、8から10はできたね！」と声をかけていくことができれば、子どもも大人も課題が浮き彫りになります。
たしかにカレーは「できてない」けれど、1から10までできなかったわけではありません。できなかったのは「7」だけです。取り出して練習するのは「7」だけです。

この場合、カレーができるかできないかは「7」ができたかどうかとイコールです。別の言い方をすると「7だけ手伝ってもらえれば、カレーをつくることができます」と伝えられれば、ほとんど「できた」と変わりません。

子どもに注意する大人に気をつけてほしいことがあります。

「どうしてカレーがつくれないんだ！」と怒る人はいても、「どうして１００メートルを10秒で走れないんだ！」と怒る大人はいませんよね。「カレーがつくれる」人とおなじように、「１００メートルを10秒で走れる」人は存在するのに、です。

理由はわかりきっています。

１００メートルを10秒で走れないことについて、「できなくて当然」「できなくても困らない」と思っているからです。「できない」ことにネガティブな感情を抱いていないからです。

だから、立ち止まって考えましょう。発達につまずきがあろうがなかろうが、**だれかにとって「カレーをつくること」が「100メートルを10秒で走ること」とおなじくらい、大変なことだってある**んです。

「自分ができるから」「多くの人ができるから」を理由に、「できて当然」として話を進め、その道を譲らないことは、おたがいにしんどくなっちゃいます。

「できない」を「できる」にしていくことはとても大切ですが、「できない」と「できる」を見極めていくことも大切です。

「どうしてできないの！」と怒るまえに「どこまでできたか」をまずはしっかり見てあげてください。

そして、たっぷりほめましょう。そのつぎに「どうしたらできるか」を考えては試し、やり直していきましょう。

平熱のひとこと

☑ 注意するのは「技術」ではなく、「判断」をまちがえたときだよ。

11 平熱プレゼンツ サポートするときの流れ

この章のベースにあるのは、たくさんのえらい人や現場のかっこいい先生たちが磨き続けてきた、特別支援教育の基本です。そこに、わたしが特別支援学校で働きながら血肉にしてきた経験や考え方をトッピングして解説していきます。

発達につまずきのある子といっしょに生活しているみなさんに、サポートの方法や考え方をできる限りわかりやすくお伝えしてきたつもりですが、一度読んだだけで理解して実践できるほど簡単なことではないと思います。

実は、迷ったときにこそ立ち返ってほしいのは、「サポートを考えていく順番」です。

そこで、**「困った行動が起きたとき、どうやってサポートの流れを考えればいいの？」**という基本を、ここで一度整理してみます。

さぁ、狂喜乱舞のお時間です。今から、子どもたちの困った行動をサポートするときにわたしがお寿司を食べるときの醤油くらい活用するフローチャートを授けます。「これさえあれば安心」なんて、うさんくさいセールストークはできません。うまくいかないこともあるでしょう。それでも、子どもたちをサポートするうえで、小さくないヒントになるはずです。ないよりマシです、絶対に。

ただ、ひとつだけ注意点があります。

特別支援教育の総本山は、むずかしい言葉で「実態把握」という考え方です。つまり「この子はどんな子？」です。**なにができてできなくて、なにが得意で苦手か、そんなことを一人ひとり考えて実践することは忘れないでくださいね。**

それでは、つぎの3つのパターンでサポートの流れを解説していきます。

●困った行動が起きるまえにはじめるフローチャート
●困った行動が起こったらはじめるフローチャート　その1
●困った行動が起こったらはじめるフローチャート　その2

困った行動が起きるまえに

1 「困った行動を起こさせない」環境を
物理的に整える ▶192ページ
&
「望ましい行動に導く」環境を整える ▶58ページ

2 ちょうどいい課題を与え、ちょうどいいサポートをする
▶64ページ

3 活動するまえに、ルールを確認する ▶78ページ

↓

望ましい行動ができた

4 行動の評価をする＝ほめる ▶56ページ
またやりたくなるをつくる ▶64ページ

5 できた！の質を上げていく ▶78ページ

1 に戻る

困った行動が起きるまえにはじめるフローチャート

例「衝動買いで、すぐにお小遣いを使い果たしてしまう」が起きるまえに

1「困った行動を起こさせない」環境を物理的に整える

お小遣いを1日に100円渡す

1「望ましい行動に導く」環境を整える

ゲームを買うための
貯金箱を用意する

2

お金を使わずに貯めてみよう。30日でゲームが買えるよ

3

3000円貯められたら、ゲームが買えるね

↓

望ましい行動

3000円貯めてゲームを買えた

4

よく我慢して貯めたね。たくさんゲームであそぼう

うれしい、自信がもてた！

5 できた！ の質を上げていく

お小遣いを5日ごとに500円渡す

その1

困った行動が起こった

1 見えないところを考える ▷56ページ

2 「困った行動を起こせない」環境を物理的に整える ▷192ページ

&

「望ましい行動に導く」環境を整える ▷60ページ

3 ちょうどいい課題を与え、ちょうどいいサポートをする ▷64ページ

4 活動するまえに、ルールを確認する ▷78ページ

↓

望ましい行動ができた

5 行動の評価をする＝ほめる ▷86ページ

またやりたくなるをつくる ▷64ページ

6 できた！　の質を上げていく ▷78ページ

2 に戻る

困った行動が起こったらはじめるフローチャート

例 着替えに時間がかかる

1 見えないところを考える
まわりの人が気になる？
そもそも急ぐつもりがない？

困った行動
着替えに20分かかってしまう

2 「困った行動を起こさせない」環境を物理的に整える

3 ちょうどいい課題
ひとりで着替えてみる

4 今日はこの部屋で、ひとりで着替えるよ

望ましい行動
ひとりで集中して着替えられた

5 ひとりで着替えられたね！

6 できた！ の質を上げていく
2、3人いっしょに着替えられるようになる

2 「望ましい行動に導く」環境を整える

3 ちょうどいい課題
タイマーを15分に設定する

4 タイマーが鳴るまでに着替えよう

望ましい行動
14分で着替えられた

5 タイマーが鳴るまでに着替えられたね！

6 できた！ の質を上げていく
10分で着替えられるようになる

うれしい、またやってみたい！

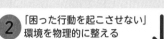

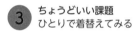

その2

困った行動が起こった

1 ちがう行動で置き換えられないか試す
&
限られた条件でのみ「困った行動」を
行わせられないか試す

↓

望ましい行動ができた

2 行動の評価をする＝ほめる >86ページ
またやりたくなるをつくる >64ページ

3 できた！　の質を上げていく >78ページ

困った行動が起こったらはじめるフローチャート

例 スキンシップを求めすぎる

困った行動

散歩中すぐに先生と手をつなごうとする

① ちがう行動で置き換えられないか試す

手はつながないけれど、すぐ横をいっしょに歩く

↓

望ましい行動

すぐ横にいれば手をつながずに歩くことができた

① 限られた条件でのみ「困った行動」を行わせられないか試す

３分だけ手をつなぐ

↓

望ましい行動

３分つないだあとは、ひとりで歩くことができた

②

すごい！ 手をつながず、ひとりで歩ける時間が増えたね！

うれしい、またやってみたい！

↓

③ できた！ の質を上げていく

近くにいれば手をつながずに歩けるようになる

↓

③ できた！ の質を上げていく

１分手をつないだあとは、ひとりで歩けるようになる

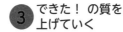

どうでしょう、フローチャートは参考になりましたか？　子どもをサポートする際の大切な考え方なので、最後に流れをまとめておきます。

まず考えるのは**「困った行動を起こさせない」環境の設定**です。意識や努力ではなく、環境にアプローチして、「物理的に」困った行動をできなくします。これが設定できれば、「できた！」を積み重ねやすい状況をつくれます。

次に**「望ましい行動」に近づけていくアプローチ**をします。これは「やりやすい環境を設定する」「見通しをもたせる」「視覚的に伝える」「ルールを先に伝える」などがあてはまります。また「ちがう行動で置き換えられないか」「限られた条件でのみ、困った行動を行わせられないか」という視点も有効です。

これがうまくいったら**「できた！」の質」を上げていきます**。つまり、困った行動が「0に向かっていく」ということですね。少しずつ、本来目指すべきゴールに寄せていきましょう。

繰り返しますが、困った行動を「0にすることにこだわらない」ことが重要です。**大切なのは、困った行動が「0に向かっている」こと**だって、忘れないでくださいね。

第3章

こんなときどうする？日常の「困った」を小さくするためのヒント

ここからは、発達につまずきのある子を育てるみなさんから寄せられたお悩みを、感情、ルール、生活習慣、対人関係の4つのカテゴリーに分け、それぞれ具体的なサポートの方法を考えていきます。

気をつけてほしいのは、どれも「わたしだったら」こう対応します、という方法だということ。そもそも、実際にその場にいないわたしが「これさえできればオールオッケー！」なんてことを言えるはずがありません。それでも、みなさんの役に立てればと、これまでの現場経験と想像力を駆使して書きました。ちょっとでもヒントになってくれればうれしいです。

＼感情／
01

ささいなことでも、注意されるとすぐ自信をなくしてしまいます。

ほんとうは「自信をなくさない」ように心や体を鍛えていくとか、「自信をなくさない」ですむように配慮して注意してもらうなんて方法じゃないと、根本的な解決にはなりません。

でもそんなこと、簡単にできるわけないじゃないですか。

問題なのは「自信をなくす」ことではなく、自信をなくしたまま「動けなくなる」こと。つまり、**見方を変えると、「自信がない」まま「動くことができた」ならオッケーなんです。**

卵とニワトリのどっちが先かわからないように、「自信がない」まま「動くことができた」結果、「自信がつく」かもしれません。だから、わたしたちが注目しなくてはいけないのは**「自信があるか（なくしてないか）」ではなく、「動くことができた」かどうかです**。「自信がないままでもやってみようよ」と声をかけていくことです。

その結果、10の手順のうち、3までうまくいったら「3までできたね！」と「動けた分」をほめてあげることが大切です。

「動くことができた」、そのことをほめてあげてください。

まちがっても「4から先できてないじゃん！」なんて声をかけることはやめましょう。

子どもたちに身につけてほしいのは「自信がないまま動いてもいいんだ」「自信がないまま動いても、ぜんぶ悪い結果じゃなかったな」なんて感覚です。

自信がないまま、生きていくのもいいじゃない。

平熱のひとこと

☑ **自信なんて、あってもなくてもいい。**

＼感情／

02

いつもとちがうことが起こると不安でいっぱいになり、「帰る!」と大騒ぎ。身動きがとれなくなります。

まず、「いつもとちがうこと」を0にすることはできません。何人《なんぴと》たりとも、変更がない生活は送れません。

もちろん、ここから派生する「不安でいっぱいになる」も否定することはできません。

どれだけ正確な「見通しをもつ」ことを大事にしても、完ぺきな計画なんてものはありません。ただ、前提として、「見通し」はもっておいたほうが安心して過ごせる場合が多いです。

「どうせ予定は変更になるんだから（見通しをもつための）スケジュールはいらない！」

ではなく、

「予定は変更になることもあるけど、スケジュール表などを使って見通しをもっていき

ましょう」

という考え方がベースです。

このケースでやらなくてはいけないことは、大きく分けて2つです。

ひとつめは**「いつもとちがうこと（見通しや予定が崩れること）」を受け入れたり対応したりする練習をすること**。

もうひとつは**「不安でいっぱいになった場合」の適切な対応を知り、実践していくこと**です。

①いつもとちがうことを受け入れる

「いつもとちがうこと」を受け入れるためには「いつもとおなじこと」を崩していく練習が必要です。ストレスなくこなせるルーティンのスケジュールがある場合、そこに「いつもとちがうこと」を差し込んでいきます。

ちなみに、この練習をするためにも、スケジュール表などで見通しがもてていることは大事です。

1から10までを順番にこなしていく途中、たとえば5と6の間に「いつもとちがう」活動を入れます。このとき注意しなくちゃいけないのは「嫌な活動」をいきなり入れないことです。（歯みがきのあとに「スクワット50回」なんてスケジュール地獄じゃない？）

だから、はじめは「うれしい活動」で「いつもとちがう」を体験しましょう。朝ごはんのあと「チョコをひとつ食べられる」みたいな。ちなみに「ごほうび」が強すぎると、これを外すのに苦労するので、控えめな「ごほうび」がおすすめです。

このような練習をいろんなパターンで繰り返します。3と4の間に入れたり、「うれしい活動」を「ちょっとうれしい活動」に替えたりします。そして少しずつ「ちょっと苦手な活動」や「めんどうな活動」を入れていったり、活動を「中止」していったりしましょう。

その際、子どもが見ていない間にスケジュールを勝手にいじるのはおすすめしません。**子どもが見ているときに、子どもにわかる形で変更していきましょう。**

勝手に見えないところでスケジュールを変えちゃうと、それだけで不安になったりパニックになったりする子もいるでしょうし、なにより子どもが「スケジュールを変更している（見通しや予定が崩れていく）様子」を見て、受け入れていく練習をしたほうがいいです。

こうやって、「いつもとちがうこと（見通しや予定が崩れること）」を受け入れたり、対応したりする練習をしていきましょう。

②不安でいっぱいになった場合の適切な対応を知る

つぎに「不安でいっぱいになった場合」の対応です。これは「不安でいっぱいになった場合」の適切な対応を知り、実践していくことです。
「不安でいっぱいにならない方法」にアプローチするわけではありません（ちなみに、不安は「見通し」や「経験」でやわらげていくことができます）。

はじめのほうにも書きましたが「不安でいっぱいになる」ことは仕方ありません。だれだって、不安になるときはなります。ポイントは「不安でいっぱいになった場合」に取るべき「適切な行動」をまず「知っていること」で、そのあとに、「適切な行動」を「実践していく」という順番です。

いつもと予定がちがう、慣れていないところに外出するなど、ある程度「不安でいっぱいになる」ことが予想できている場合、事前にそのときの「適切な行動」を伝えておくといいです。

そして「適切な行動」ができたら、なにかしらの「うれしいこと」があると「見通し」をもたせてあげるのもいいですね。

たとえば、不安でいっぱいになって、「帰る！」と大騒ぎして身動きがとれなくなってしまうのは困るけど、「ちょっと休憩したい」と声をかけて10分休んで戻ってくるならオッケーじゃないですか？

そして、パニックにならず戻ってきたら「よく10分で落ち着いて戻ってこられたね！」とグミをひとつあげ、「不安でいっぱいになった」ことは5メートル横において、戻ってきたことをただひたすら祝いましょう。

子どもから不穏《ふおん》な空気が流れたら「こんなとき、どうすればいいんだっけ？」など、早めにアシストしてあげることも大事です。

このようなサポートやコミュニケーションを重ね、子どもたちが「不安でいっぱいになったときは、こうやって乗り切ればいいんだな」と「見通し」をもっていってくれたらいいですね。

平熱のひとこと

☑ 見通しを　立てては崩す　運命《さだめ》かな

平熱　心の俳句

\感情/
03

怒ったときに、感情を抑えられずにものを投げたり、目の前の人にひどいことを言ってしまったりします。

いいですか、問題は「怒ること」ではなく「怒りを爆発させること」です（46ページ参照）。ものを投げて壊してしまったり、まわりの人を叩いたり、汚い言葉で罵ったりしてしまうことが問題です。

特別支援学校では、（怒りの）感情を爆発させないために「負ける練習」をします。思うようにいかないことへの対応です。

「負ける練習」のポイントは、「運や偶然性」により「すぐに」決着がつくゲームを「何度も」行うことです。どちらか片方に勝敗を偏らせず、「すぐに」「何度も」ゲームを行うことで、負けたことによる「怒りの感情」を引きずらず、切り替える感覚を養います。

具体的には、引いたトランプの数字で勝負したり、くじびきで勝敗を決めたりするようなゲームですね。たくさん勝って、たくさん負けます。

そして、ゲームの「まえ」に「負けたあとの正しい行い」もしくは「負けたあとのよくない行い」を説明したりイラストで提示したりしておきます。

さらに負けの耐性を高めていく練習として、おなじように「すぐに」決着がつくゲームを「3連勝したら勝ち」「先に10勝したら勝ち」など、「勝利の条件」を遠くにしていきます。

ストレス耐性をスモールステップで伸ばしていくイメージですね。

また、高等部の生徒など、卒業後の社会生活に向けたコミュニケーションスキルを高める段階では、「カッとなって暴力を振るったらどんな罰を受けるか」について説明します。

手を出す以外にも、暴言や誹謗中傷《ひぼうちゅうしょう》も罪になることを教え、これまで積み上げてきたその子の努力や時間が一瞬にして崩れる危険性を何度も伝えます。

「怒りを爆発させないため」にいちばん大事にしてほしいことは**「怒りの対象と物理的に距離を取る」ことです。**つぎに、**深呼吸をする、6秒数えるなど「時間を空ける」ことです。**

「ムカつく！」と感じたら、対象の人と距離を詰めるのではなく距離を空ける。手にものをつかむのではなく、手からものを放す。**「物理的に」攻撃できない距離を確保して、人とものと時間から間を空け、クールダウンします。**

そして、そのあと冷静に話し合えたらグッドです。

こちらに非がないのに相手が「怒りを爆発」させてくることもあるでしょう。我慢するのはほんとにしんどいですが、それでもグッとこらえないといけません。むずかしいけれど、その場だけは水に流し、（場合によっては証拠を集め）まわりの人に相談できる「大人」になってもらえるよう、導いてあげたいですね。

感情 04

病院、散髪など、家や学校以外の慣れていない場所でパニックになってしまいます。

パニックになる理由は「慣れていない」からだけなのでしょうか？

こういった問題は大きく「慣れている」「慣れていない」の二択として考えていくより、もう少し細かく「パニックの原因」を探っていったほうが解決の糸口はつかみやすいです。

雑な言い方をすると、手立てをろくに用意せず、ただひたすら（強引にでも）回数をこなせば慣れはするでしょうけど、それでうまくいくとも限らないので。

まず「パニックの原因」を考えるときに圧倒的に大切なのは、「見通し」をもっているかどうかです。詳細な「見通し」はむずかしくても、大まかでも「見通し」がもてて

いると安心できる子どもは多いです。

わたしたちだってそうです。

たとえば、**おなじ「こわい」でも、ジェットコースターには「見通し」があります。**外から見ればスピードやカーブの具合、どこでどれくらいの時間落下していくのかわかります。だから「5秒だけ我慢すれば落下は終わるな」と「見通し」がもてます。

もちろん「見通し」があっても、それを体感するのは別の話なのでこわいですけど。

一方で、**お化け屋敷は「見通し」がもてないから「こわい」んです。**薄暗い部屋でまわりが見えず、いつ、どこでなにが出てくるかわからないからパニックになります。もし部屋が明るくて「あと2メートル進んだら、髪の長いお化けがうしろから大きな声で脅かしてきます」なんて言われたら、こわくもなんともありません。

つまり、家や学校で落ち着いていられるのは**「慣れている」こともちろんあります**

が、大まかにでも「見通し」がもてているから、とも言えます。

発達につまずきのある子は、お風呂やトイレ、音楽室や図工室など「パッと見でわかることがわかる場所」では落ち着いていられても、リビングやホール、体育館など「なにをするかわかりにくい場所」では落ち着きをなくすことがあります。

言いかえると「パッと見ですることがわかる場所」に対しては活動の「見通し」がもてている状況です。反対に「なにをするかわかりにくい場所」は「見通し」がもてていないんです。

だから、**「慣れているかどうか」は「見通しをもてているかどうか」に置き換えて考えていったほうがうまくいくことが多いです。**

「見通し」をもつためには、いろいろな方法があります。

子どもに合わせてですが、基本的には「やるべきこと（の順番）」を提示してあげると「見通し」がもちやすいです。

たとえば、病院だと、

①受付に診察券を出す
②待合室で待つ
③呼ばれたら診察室に入る
④先生に診てもらう
⑤待合室で待つ
⑥呼ばれたら会計をする
⑦薬をもらう

のような「やるべきこと」がありますよね。

わたしたち大人は無意識に、頭の中でこれらをイメージして順番に処理しています。

だから、**「やるべきこと」や手順、順番をその子にわかる形で提示、説明していくことが、パニックを減らす大きな一手になりうるのです**。

口で説明して伝わるなら口で伝え、紙に書いたほうが安心するなら紙に書くなど、その子によってサポートの仕方を考えましょう。

そして、**終わった項目は線で消していく、上から好きなシールを貼って消していく、苦手な活動のあとには小さなごほうびを手順に入れておく**など、その子に合わせたスケジュールの作成や用途を試してみてください。

ただし、「見通し」さえあれば一切の「こわい」がなくなるなんてことはありません。ジェットコースターがそうでしたよね。結局、どこかで「我慢」が必要になります。が、サポートの仕方でこの「我慢」の質はまったく変わってきます。

少し、わたしの話をします。健康診断ではじめて胃カメラを口に入れました。先生と看護師さんが事前に図を使って丁寧に説明をして、「見通し」をもたせてくれました。「今から口の中にこの管を入れていきます。途中、このあたりで苦しいからオエッとなります。そうすると、息を止め、のどを絞りたくなります。ですが、のどを絞ると管は入りません。苦しさが続きます。苦しいのはこのポイントだけで、ここさえ通れば、あとはさほど苦しくありません」

と言われ、かなり安心しました。

さらに看護師さんが「わたしが背中をさするスピードに合わせて ゆっくり大きく呼吸をし続けてくださいね」とアシストしてくれました。

いざ管が入ると、たしかにかなり不快で気持ち悪く、のどを絞りたくなるのですが、看護師さんの手が動くスピードに合わせ、呼吸をすることだけに集中しました。

すると、先生と看護師さんが「え！ ほんとに胃カメラはじめてですか⁉ めちゃくちゃ上手ですよ！ ベテランみたい！ 管が1回も止まらず入りました！ で、見てください！ 胃もこんなにきれいなピンク。がんばって飲み込んでよかったですねー」なんてほめてくれたんです。

もうね、めちゃくちゃうれしかったんですよ。ほんとにうれしかった。つぎの胃カメラがたのしみになったくらいでしたから。そのときに思ったんです。わたしが子どもたちにしてあげないといけないサポートは、こういうサポートなんだって。

もちろんすべてがうまくいくわけはないし、パニックを0にすることもできない。半ば強引に力で押さえないと、どうしても受診や散髪ができない場面はあるかもしれない。それでも、**事前にその子にわかるように説明をし、具体的にやること（我慢の仕方）**

を示し、できたところをたくさんほめる。

どうしても苦手でできないときは、胃カメラじゃなくバリウムにする、ノドだけじゃなく麻酔の範囲を広げる、もしくは検査を2年に1回にするなどの代わりの方法も検討しながら乗り越えていってほしいです。

病院や散髪を、感覚的なことで嫌う子どもはたくさんいます。彼らの感じている不快感をほんとうの意味で共有してあげることはできないから、せめてこんなふうなサポートで力になっていけたらいいなと思うんです。

ちなみに、翌年の胃カメラ。別の先生はなんの説明もなくどんどん管を入れてきて、一切ほめてくれなかったので全然たのしくなかったです。

来年はやさしくてセンスがよくて笑顔がキュートで声がすてきで、たくさんほめてくれる先生を希望します。絶対に！

＼ルール／
01

入ってはいけないところに入るなど、叱られるとわかっていることをします。何度言っても注意を聞き入れてくれません。

考えなければいけないのは、子どもたちの「ほんとうの目的」です。

この**「ほんとうの目的」を「達成させない」ことで、問題の解決に近づくかもしれません。**

たとえば、ド派手な衣装を着て成人式会場の壇上に乗り込み、大声ではしゃぐ若者たちの「ほんとうの目的」は、決して「成人を祝うこと」じゃないですよね。彼らは「成人式」にかこつけて「目立つこと」や「騒ぐこと」、「注目されること」「お祭り感覚」を目的にしてたのしみたい人たちです。

成人を祝うことが「ほんとうの目的」なら、家で数人集まるだけでも十分なはずです。

このお悩みの場合、「どうして」入ってはいけないところに入ろうとするのか、「どうして」叱られることがわかっていることをしちゃうのかを考えないといけません。

もし「叱られること（＝注目してもらえること、かまってもらえること）」が「ほんとうの目的」だったら、叱れば叱るほど「ほんとうの目的」が達成されてしまいます。

悲しいことに、こっちの手立てがまるっきり逆の効果を生んでしまいます。


困った行動を、何度注意しても聞かない場合、子どもたちの「ほんとうの目的」を探っていき、それを達成させない工夫をこらしていきましょう。

平熱のひとこと

☑ 花だけ見るんじゃなく、土も見るんだったよね！（56ページ）

＼ルール／
02

学校から帰宅後、ボーッと動画を見るだけで宿題をやりたがらず、声をかけてもなかなか動こうとしません。

歯みがきがめんどくさいのは、歯ブラシを口に入れるまで。
人間は、やりはじめないとやる気が出ません。
このお悩みでは、はじめに取り組めそうなアプローチを考えていきましょう。

たとえば、宿題が「30問の計算問題を解く」だった場合。
まず「はじめの5問」を解くことにフォーカスしてみます。

30問の問題を解く　↓　1時間動画を観てもオッケー
ではなく、
5問の問題を解く　↓　10分動画を観てもオッケー

を繰り返します。

ポイントは「30問の問題を小さく分解して、取り組めるところから取り組むこと」です。極端な話、ひとつ問題を解いたら動画を見るのでもいいでしょう。その子に合わせた取り組み方や、ごほうびとのバランスを探ります。

とにかく「手を止め続ける」時間を短くしていくイメージです。

大事なのは走り続けることではなく、走りはじめ続けられることです。止まることが問題ではなく、止まったまま動き出せない（動き出すまでが長すぎる）ことが問題です。

また、見方を変えると「宿題の量や難易度」に問題を抱えている可能性も考えられます。

この場合は「そもそも宿題の問題数を20問に減らしてもらう（もしくは30問のうち20問解けたらオッケーにする）」や、「はじめの10問はすぐにできる簡単な問題にする」、などの工夫が必要かもしれません。

こちらの方法は判断がむずかしいので慎重に取り組みましょう（先生たちに相談してみてくださいね）。

本人にとってキャパオーバーの無理難題を押しつけて、怒り、怒られる関係が持続されてしまうことは、だれが得するんだよって話です。

問題を小分けにしたり、難易度や量を調整したりして、手を動かしはじめ続けられるように練習をしていきましょう。

平熱のひとこと

☑ 山も崩せば塵《ちり》となる。

＼ルール／
03

お弁当やプリントなど、学校に持っていくべきものをよく忘れてしまいます。

このお悩みを解決するためのアプローチはこのように「分解」することができます。

①用意しなきゃいけない「学校に持っていくべきもの」がわかっている
②それを自分で用意することができる
③用意できない場合、だれかに助けを求めることができる
④用意したものをカバンに入れるなどして、学校に持っていくことができる

①学校に持っていくべきものがわかっているか

あたりまえに思いますが、意外と見落としがちな視点です。
「明日は学校になにを持っていくの？」に答えられない子に、忘れたことを注意しても

意味がないので、**「学校に持っていくべきもの」を把握（理解）するところからはじめましょう。**

ひとりでむずかしい場合はまわりのサポートが必要です。言葉だけで理解できない、覚えられないなら、紙に書いてもいいし、イラストで視覚的に提示する、または、スマートフォンのアプリを使うなどの方法も検討しましょう。

②自分で用意することができるか　③だれかに助けを求められるか

持っていくべきものがわかっていても、それが家のどこにあるのか、ひとりで用意できるかどうかがわかっていないと、持っていけません。

ひとりで用意できない場合は、用意のできる人に助けを求めることが必要です。「お弁当を持っていく」ことがわかっていても「お弁当を自分で用意することができない」のであれば、持っていくことはできないですもんね。

少しちがう学習にはなりますが、当日の朝「今日、学校にお弁当を持っていかないといけない」と言われても困ってしまうように「助けを求めるタイミング」も覚えていく必要があります。

④用意したものを学校に持っていけるか

用意したものをカバンなどに入れ、忘れずに学校に持っていくために、まずは「物理的に」持っていくことを忘れない工夫を考えましょう。

大人も、よくやるじゃないですか。会社に持っていかなきゃいけないものを前日から玄関に置いておくとか、ドアノブに引っかけておくとか。

学校に持っていくカバンに入るものは前日に入れておく、入らないものは袋に入れてカラビナに引っかけておくなど、**「意識」ではなく「物理的に」忘れる可能性を少しでも減らせる工夫をします。**

チェックシートやスマートフォンなど外部ツールに頼る方法も探してみてください。

「忘れた場合にどうするか」を事前に知っておくことも大切です。

平熱のひとこと

✓ 忘れていいのは、嫌な思い出だけ。

＼ルール／
04

協調性がなく、遠足や運動会の練習での集団行動ができません。ひとりで列を離れてしまいます。

「協調性がない」「集団行動ができない」という「抽象的な表現」をたくさんの視点や考えから「具体的な課題」に変換していくことが大事です。

たとえば、「運動会の行進で列から離れてしまう」を「協調性がない」「集団行動ができない」と捉えていたとしましょう。

このとき「どうして」列から離れてしまうのか、いろんな角度から考えます。

・どこを見て歩けばいいのかわかってないのかも
・行進の最中にほかのことが気になっているのかも
・歩くスピードをまわりに合わせられないのかも

・いつも体育で歩いているコースとちがうからなのかも

など、その子のふだんの様子を活動の内容と照らし合わせながら、なるべくたくさん検討します。

それができたら、可能性の高そうなものからトライ＆エラーです。ここで大切なのは**「抽象的な困りごと」を「具体的な課題」に（仮説としてでも）置き換え、手立てを考えていくことです。**

どこを見ていいかわからないことが原因で、目線が定まらずキョロキョロしているうちに列から離れてしまうなら「列のひとつまえの子を見続けられる（まえの子についていける）ためのサポート」を考えないといけません。

体操服の背中にある赤いラインを見るように伝えるとか、その課題を抜き出して（まったくちがう場面で）目でものを追う練習だけをしてみるとか。

ここを丁寧に拾おうとせず、「協調性がない」「集団行動ができない」と大人が一刀両断するのは、子どもに対してあまりにも乱暴です。

言葉は便利です。「空気が読めない」「応用が利かない」そんな抽象的なひとことで、だれかがうまくできないことを断罪することができます。

でも、**大切なのは「どうやったら（少しでも）できるかな」の視点であり、具体的なアイデアや手立てです。**

わたしたち大人は、子どもたちのふわふわした困りごとに輪郭をつけていってあげましょう。蒸気はつかめないけれど、氷はつかんで食べられます。おいしいかき氷、つくっていけたらいいよね。

平熱のひとこと

☑ 抽象的な「困りごと」を具体的な「課題」にしていこう。

ルール
05

靴を脱ぐべきところで脱ぐ、最後まで食べ終わってから外に出てあそぶといった、集団のルールを守ることができません。

守ることができてないのは「集団のルール」ではあるけれど、これが「個人のルール」だったとしても結局守ることはできません。

なので「みんなが守っていることを、守れていない」という、**「〝みんな〟と比較して守れていない」ことがいちばんの問題ではありません。**

まずはここを押さえておきましょう。その子には、その子の課題があります。

つまり「みんなができていることが、できていない」ことではなく**「その子ができるはずのことで、できていない」ことがいちばんの問題です。**

●靴を所定の位置で脱ぐことができないとき

この問題に限らず、課題の解決にはいろんなアプローチがあります。今回は**「スモー**

ルステップで理想の形に近づけていく」方法について説明します。

この子にとって靴を脱いで片づけるべき「所定の位置」がわかりにくいか、わかっていても置きづらいと仮定します。

反対の見方をすると、これが「わかりやすく、置きやすい位置」だったら「所定の位置」に靴を置くことのできる確率がグッと上がります。

たとえば、無機質な靴箱に名前シールだけ貼ってあるものが「所定の位置」だとします。数ある靴箱から自分の名前を探すのが大変だし、それなりに狭い空間に靴をそろえて置かなければなりません。

じゃあ「大きな真っ赤な箱」が「所定の位置」だったらどうでしょう。靴箱から自分の名前を探さなくてもいいし、靴をそろえなくても構いません。

ポイッと靴を目立つ箱に入れれば「所定の位置」に靴を入れることができます。このように「確実にできること」から少しずつ、スモールステップで目標（たとえば「靴箱に靴をそろえて入れる」）に近づけていきましょう。

こうすることで、**子どもはたくさんの「できた」の連続で、こっちが望む「できた」に近づいてきてくれます。**

「スモールステップで理想の形に近づけていく」というのは、大人も「できてない！」と目くじらを立てることがみるみる減っていく、ノーベル賞を受賞するべき画期的なシステムです。

この場合におけるスモールステップの具体例も紹介しておきます。

箱のサイズを小さくしていくのもいいし、赤からもっと目立たない色にしていくのもいいです。

箱の位置を、わかりにくい位置に少しずつ動かしていくのもいいですね。

こんなのはゲーム感覚でたのしいかも。

靴箱の数が多すぎて探せないなら、３段のカラーボックスのひとつを靴箱にするな

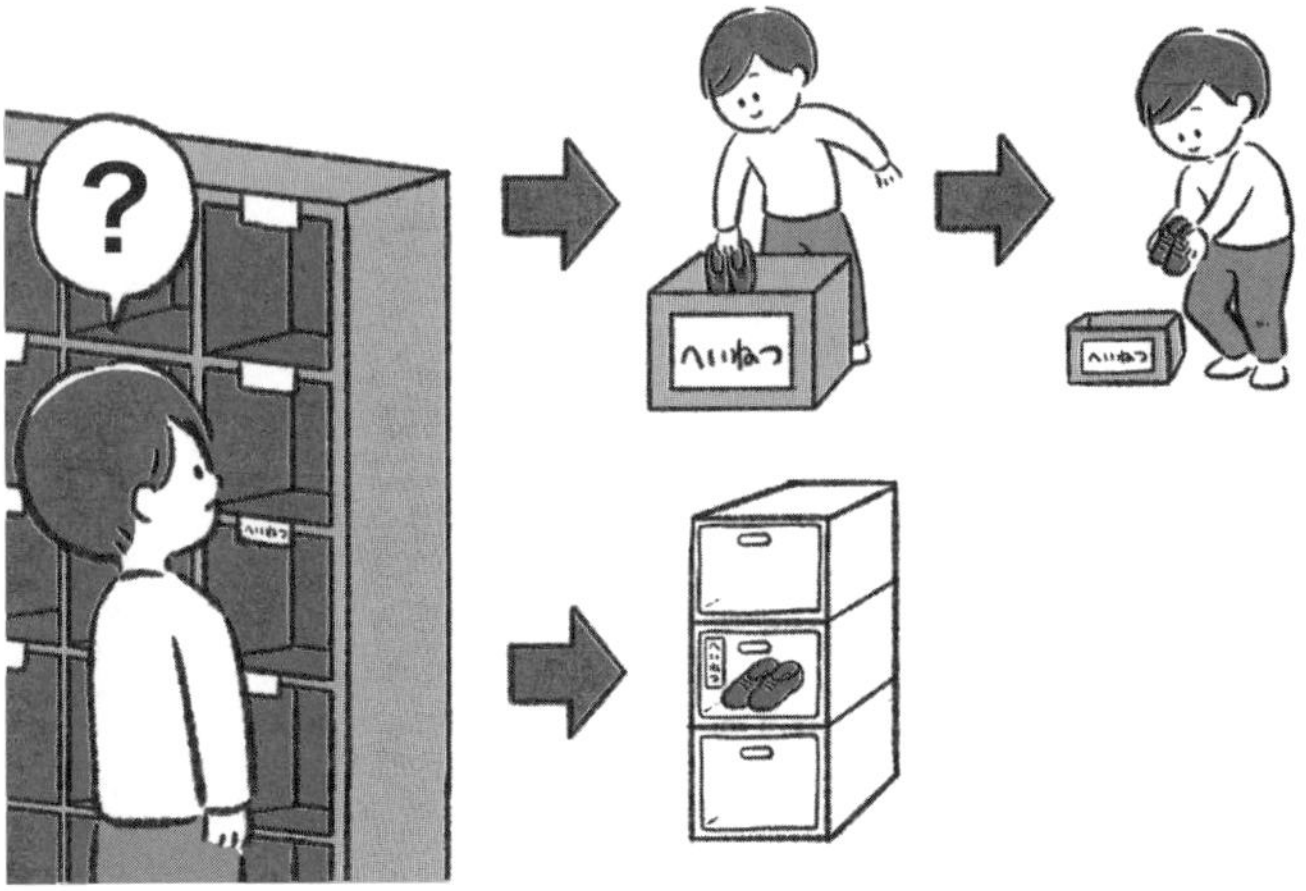

ど、少ない選択肢から探すのもいいかもしれません。

名前シールが探せないなら、顔写真や色シールなど、その子が見つけやすい提示方法もいいでしょう。

こんなふうに、子ども一人ひとりに応じたサポートの方法や手順で「できるはずのことで、できてない」を少しでも減らしていけるといいですね。

●食事を食べ終わるまえに外に行こうとしてしまうとき

まず、この課題に向き合うために考えていくことを整理しましょう。

①「食べ終わる→外に出てあそべる」のルールを理解できているか
②「食べ終わる」が理解できているか
③「食べ終わる≒完食する」ことができるのか

大きく分けてこの３つの視点があるとします。

❶「食べ終わる→外に出てあそべる」のルールを理解できているか

はじめに、「ルールが理解できているか」をしっかり確認しましょう。「わかっていて、できない」と「わかっていなくて、できない」は近いようで全然ちがいます。**もしわかってないようだったら、イラストにする、動画で見せるなど、その子に伝わる方法を探してみてください**。

❷「食べ終わる」が理解できているか

ここで大人が求めている「食べ終わる」が「完食」だったとします。

大人は「完食しないと（食べ終わらないと）、外に行ってあそべない」ルールだと解釈していても、子どもは「ある程度、お腹が満たされたら、食べ終わり」と理解しているかもしれません。

この食いちがいを埋めないと、いくらやってもこの課題は解決しません。

大人の柔軟な対応も必要です。「ある程度満たされた終わり」でよしとするのか、しないのか。

よしとするなら、それをどうやって判断し、示してもらうのかを考えましょう。

③「食べ終わる≒完食する」ことができるのか

ここでまさかの展開です。

そもそも「（最後まで）食べ終わる≒完食する」ことができるのか？　という、初心に帰ってみたいと思います。

①も②も理解できているけれど、そもそも「食べ終わる≒完食する」がその子にとって、とても苦しいことかもしれません。よくあるのは「食べられないし、食べたくない

けど、外ではあそびたいから、食事の途中で離席して出て行こうとする」みたいなパターンです。

子どもが「食べられないし、食べたくない」をうまく伝えられず、大人が「食べられるし、食べなきゃいけない」と思っていると、笑えないすれちがいコントがはじまります。

だから、本来は大人が**「(ほとんど確実に) 食べられるものを、食べられる量」で提示することから、この課題にアプローチしていかなければなりません**。

あたりまえのようですが、この課題はそうやって提示された食事を「食べ終わる」ことができるという「前提」の条件をしっかり満たすことが重要です。

こっちが量やメニューを調整し、それに納得したはずの子どもが「食べられると思ったけど、無理だった」と主張してくるのはありふれた日常です。

これはそもそも「見通しをもつ力」であり、子どもの少ない経験値で常にうまくやろうとすることに無理があります。この「やっぱり無理だった問題」が続く子には、「調整した量やメニュー」を「さらに小分け」しておくことがおすすめです。

90gの白米を30gずつ提供していくイメージです。

30g食べて、まだ食べられるか。60g食べて、まだ食べられるか。

これを重ねていくうちに「ぼくはいつもお茶碗2杯（60g）は食べられる」とわかってきます。もちろん、まわりもです。

そうすると「60gと30g」に小分けできるので、サポートの手もひとつ減ります。こんなふうに子ども（と大人）の「見通しをもつ力」を育てていきましょう。

平熱のひとこと

☑「課題の分解」と「スモールステップ」の考え方には国民栄誉賞を授与します。

ルール
06

人前で服を脱いでしまったり、鼻をほじったりしてしまいます。「恥ずかしい」という感覚を理解してくれません。

ほんとうの意味で、**自分が抱く気持ちや感覚以外は、教えることも理解させることもできません**。きびしいですが、まずはこの現実と真正面から向き合うことからはじめましょう。発達のつまずきのあるなしは関係ありません。

だってそうじゃないですか。人がおしゃれだと思って堂々と着ている服を、あなたが「自分には恥ずかしくて着られないな」と思うことは仕方ないですよね？
だれかにとっての「恥ずかしい」は、だれかにとっての「恥ずかしくない」かもしれません。では、自分が「恥ずかしくない」からといって、人前で服を脱いだり鼻をほじったりしていいんでしょうか。いいわけありません。

このケースにおけるいちばんの問題は「恥ずかしい」「恥ずかしくない」を理解する（理解させる）ことではなく、**「守るべき社会のルールやマナーがある」ことを理解し実践していくこと**です。

羞恥心《しゅうちしん》を無視して、自分の欲望にブレーキをかけなければ、だれだって「やりたいこと」はたくさんあるかもしれません。でも、それはときに「犯罪」であり「だれかの心身を傷つけること」「だれかに大きな迷惑をかけること」になりかねません。鍛え上げられた、美しく魅力的な肉体をどれだけ見てほしくても、公衆の面前でひけらかしてはダメなんです。だから、一般的に「恥ずかしい」とされる守るべき社会的なルールやマナーを子どもたちには教えていきましょう。

「恥ずかしくない」と本質的には思っていても。「恥ずかしい」が理解できなかったとしても。それでもルールやマナーが守れたら、それで十分かっこいい。

平熱のひとこと

☑ **あなたが「恥ずかしい」と思う失敗は、案外だれも覚えてないんだぜ。**

＼ルール／
07

作業に集中してしまい、つぎの行動にスムーズに取りかかれず、時間割通りに動けません。

このお悩みでは、作業工程のどこかに「区切り」を入れるスケジュールを組んでいくことで、解決に近づけていきましょう。

たとえば、A→B→Cの順番で組み立てたものを10個1セットとして、これを一気に5セット（計50個）つくる作業があったとします。発達につまずきのある子どもたちは「5セット（50個）できるまで終わりたくない」と集中（≒こだわり）しすぎることがあります。

対策としては「1セット（10個）」を「5回」繰り返すことで、5セット（50個）をつくるスケジュールを立てます。

「A→B→C」の手順で「10個」つくる。

ここまでの「集中」で「区切り」をつけていきます。
ちなみに、どこにでも「区切り」をつけたらいいという話でもありません。たとえば「BからCの間」に「区切り」があるとストレスになるのは想像しやすいですね。

つまり、

「10個つくる」→「休憩」→「10個つくる」→「休憩」……

のようなスケジュールで作業を行います。

まだ3セットしかできていない状態で「つぎの授業」が迫っていたら、

「(4セット目の)10個つくる」→「(必要なら)休憩」→「つぎの授業」

とスケジュールを提示(変更)します。この場合、作業のまえに「目標は5セットだけど、つぎの授業に遅れないために4セットで終わることもある」など、作業に取り組む「まえ」に説明しておくことは(こだわりのある子にとって、とくに)大切です。

もちろん、「10個」ではなく「5個」で「区切り」をつくったほうがいい子どももいるかもしれません。**その子に合わせて、「区切り」やすい適切な時間や量を提示してい**

きましょう。

今回は「数」で区切りましたが、これに対応できてくれば（将来の就労などを見据えて）タイマーなどで「時間」で区切る練習を行ってもいいかもしれません。「10個つくる」↓「休憩」から「10分作業」↓「2分休憩」のように。

特別支援学校には「休憩がうまくできない」ことに生きづらさを抱える子どもたちがいます。本題とは少しちがう話ですが「空き時間にたのしんでできること」があれば「区切り（休憩）」へスムーズに移行できます。

日頃からたくさんの「好き」を見つけ、「区切り」やメリハリのある生活をしていきましょう。

平熱のひとこと

☑ 適切な「区切り」はスムーズな「切り替え」を連れてくる。

＼ルール／
08

習いごとの最中に、ほかのことが気になって立ち歩いてしまいます。

似たようなパターンの困りごとで頭を抱える大人はたくさんいるでしょう。前提として大切なのは、**気になって立ち歩いてしまう原因である「ほかのこと」をしっかり見極めること**です。それを防ぐことで、座って人の話を聞くことができるようになればこの話は終わりです。

したがって、まず「ほかのこと」の解読と解決に心血を注ぎましょう。

解読の仕方としては、もうシンプルに「観察」と「記録」が中心です。

理想は細かければ細いほどいいでしょうが、まずはざっくりしたもので十分です。

「この練習のときだけは座っているな」

「終わりが近づくとよく歩き回るな」

など、比較できるデータを並べて考えるだけでも、効果が得られるかもしれません。

そこにヒントがあるかもしれません。

そして、「想像」しましょう。その子の小さな動きや表情から。

どうして立ってしまう（立ちたい）のだろう？　どうして話を聞けない（聞きたくない）のだろう？　たくさんたくさん考えましょう。


ただし、これが明確ではない場合もあると思います。はっきりした答えをつかめないことだって当然あります。その場合は、もう**できるだけたくさんのパターンを「トライ&エラーでしらみつぶしに実践していく」もしくは「どこかで折り合いをつける」**ことに移行していきましょう。


前者は簡単ではありません。

そもそも、指示がわからないから立ち上がるのかな？

このあとなにをするのか、見通しがもてていないのかな？

そんなところから考えます。

イスの感触が苦手なら、座布団を敷いたら座っていられるかもしれません。うしろの席ではみんなの動きが気になるから、席をいちばんまえにしてみるのも有効かもしれません。机の左右についたてをつけて目線を制限するとか、先生が話すだけではなくモニターに資料を映せばどうか……など。いろんなことを試すことはできますが、試せる手数や環境は、学校や家庭など場所や状況によって異なります。ドンピシャの正解を出すのは、ほんとにほんとに大変です（とはいえ、チャレンジしていくのは、おたがいにとっていいことです）。

だから、「どこかで折り合いをつける」ことも大切です。

子どもたちは、その子自身のがんばりだけで、すべてを解決していくことはできません。障害のあるなしは関係ありません。大人だってそうです。

たとえば「立ち歩いてしまう」を0にできないのなら、**40分のうちに2回まで、5分まではオッケーなどと、まわりと「折り合い」をつけて調整していくことは現実的な方法です。**

その子のがんばりやまわりの協力を受け入れつつ、落としどころを探り、折り合いをつけていきましょう。そして、その「折り合い」を理想の形（この場合なら「立ち歩き0」）に近づけていくことが重要です。

簡単に、なにもかもうまくなんていきません。うまくいかないことだってたくさんあります。どこかで「ポジティブな諦め」という「割り切り」や「折り合い」「落としどころ」をうまく活用していくことは、子どもも大人も生きやすくなるひとつのヒントになるんじゃないでしょうか。

平熱のひとこと

☑「落としどころ」と「折り合い」で大切なのは「おたがいの」歩み寄りだよ。

＼生活習慣／

01

偏食が多く、食べられるものが少なくて困っています。

はじめに、「偏食が多く、決まったものしか食べてくれない」のなにが「問題」なのかを、具体的に掘り下げていきます。

きっと、いちばん先にくるのは**「栄養が偏る」**でしょう。

ちがう見方をすれば、好きなものを中心に食べることは、「偏った栄養」かもしれないけれど、食事そのものをたのしめている場合がほとんどです。

つぎに**「（給食など）自ら選べないメニューが出たときに、食べるものがない」**でしょうか。特別支援学校にも偏食（好き嫌い）のある子は多く、この問題には常日頃からわたしたちも頭を抱えています。

では、本題です。

①「栄養が偏る」問題

これはもう単純な答えになってしまいますが、「食べられるほかの食材やサプリメントなどで、足りてない栄養を補う」がいちばんてっとり早いです。

もちろん、偏食や好き嫌いが少なく、食べられるものが多いほうが生きやすくなるのは確かです。

ただ、それらの克服と並行して「偏食が多く、決まったものしか食べてくれない」の「問題」が「栄養が偏る」ことであれば、こういった**「ほかで代用する」視点のアプローチをすることで、食べさせたい大人と、食べようとがんばる子ども、おたがいに心の余裕がうまれる**んじゃないでしょうか。

お米が苦手でも、お餅なら食べるかもしれません。お米を食べる練習をしながら、お餅も食べていきましょう。米がないなら、お餅を食べればいいじゃない。

②「自ら選べないメニューが出たときに、食べるものがない」問題

毎日のように連絡帳に「今日も半分しか食べませんでした」とか「鯖の味噌煮はひと舐めしただけでした」なんて書かれたら気が滅入るのはわかります。

食べられないものだらけで、毎日お腹を空かせている我が子の将来を想像してしまいます。でも、ですよ。

「自ら選べないメニュー」を食べるしかない状況なんて、社会に出たら、ほとんどの場合でありません。

はっきり言ってしまえば、保育園・幼稚園や学校における「給食」は「学習（非授業）」なので、しんどいです。「食育」なんて大きな看板を掲げられ、いろんな教育的な意味合いもセットにされます。

そして、未だにどこか「（半ば強引にでも）完食させなくてはいけない」と先生たちが思っているところも、子どもを苦しめてしまっているかもしれません。

あと、特別支援学校でよく耳にするのは「将来、施設で出される食事で食べるものがなかったら困る」という意見。たしかに（特別支援）学校を卒業して通う作業所や施設では、有料のお弁当や昼食を出してくれるところがあり、利用している人は多いです。しかし、それを利用せず、お弁当を持参している利用者さんもいます。まず、強制はされません。

したがって、「偏食なく食事ができる」とおなじくらい「偏食をしつつもたのしめる食事」の手段を考えていくことも大切ではないでしょうか。

言いかえれば、「自ら選べないメニューを選択しないですむようなライフスタイルをつくっていく」ことも大事だと考えます。それは自分でお弁当を用意するスキルだったり、栄養バランスの知識だったりします。学校や家庭で、こっちを伸ばす作戦だってあります。

こんなことを言うと身も蓋もないけれど、偏食（食べられないもの）がたくさんある大人だって、数多くいます。アレルギーやなにかしらの信条で、食べられない食材がある方も大勢います。

わたしは栄養に関するプロでもなんでもないので、えらそうなことは言えませんが、そんな大人たちも、十分「健康的」な範囲で生活できていると思うんです。それはやはり、栄養の偏りはほかの食事やサプリメントで補う、そもそも夜中に食べない、大食いしないなど、いろんなアプローチで調整しているからなんですよね。

●じゃあ、苦手な食べ物はどうすればいい？

ここまでは「偏食」に真正面から向き合ってこなかったので、ここからは「偏食」、言いかえると「苦手な食べ物」に対してのアプローチの話を少しだけしていきます。

家庭では、せっかく調理した食事を食べてくれないと心中おだやかではいられないでしょうし、家事や用事が重なるので、そこまで食事（指導）に時間や手間を割けないかもしれません。毎日おつかれさまです、ほんとうに。

その点で言うと、わたしたち教員は子どもたちとの食事に「指導」として向き合う面が強いので、いろんなあの手この手で「苦手な食べ物」に挑んでいます（だから、食事に対して家で困ってることは学校に相談しましょうね）。

特別支援学校では「苦手な食べ物」に対して行うアプローチは大きく分けて2つです。ひとつは「駆け引き」を行うこと。もうひとつは「スモールステップで条件を弱めていく」ことです。

①「駆け引き」を行う

これは端的に言うと「嫌いなものを食べたら、好きなものを食べられるよ」みたいなことです。**「ポジティブな見通し」をもつことで、目のまえの嫌なことに折り合いをつけて乗り越えていく手法です。**もちろんこれは今回の場面に限らず、あらゆる場面で有効です。ひと口ずつではなかなか魅力的に感じないので、「嫌いなものをひと口食べたら、大好きなものを3口食べられるよ」くらいのアンバランスな駆け引きからはじめてもいいと思います。

「ひと口食べるごとに、食後に観られる動画が10秒ずつ延びるよ」など、その子の性格や特性、環境によって内容、伝え方を変えてくださいね。

②「スモールステップで条件を弱めていく」

これも①同様に、ほとんどの場面で有効な方法です。「確実に食べられる状態」などから、少しずつ条件をゆるくしていきます。

たとえば「ふりかけがないと白米が食べられない」と言う子どもに対し「ふりかけなしでも食べなさい！」としか言わないのは、プロの仕事じゃありません。

だったら、まず「ふりかけをかけて白米を食べる」ことからスタートして「少しずつふりかけを減らしていく」がクールな道すじです。これも子どもに伝わる方法で、ふりかけの量を減らしていくことを伝え、減らして食べることができれば、減らした量の200倍祝っていきましょう。

「すごいね！　ふりかけをこれだけしか使ってないのに食べられたよ！」

なんて声かけされたら、大人のわたしだって苦手なものが食べられそう。

もちろんほかのアプローチ（きざみ食にするなど）もありますが、取り組みやすく、かつ手を替え品を替えながら手数が打てる方法として、こんな例を紹介してみました。

最後に、いちばん大切なことを伝えておきます。

食べないときは、食べません。食べないものは、食べません。

ただ、なにを食べてなにを食べないかに意識を向け続けることより、元気に健康でいるほうが大事だってことは確かですよね。

＼生活習慣／
02

興味のない献立なのか、食事中にあそびはじめたり立ち上がったりして、食事に集中できません。

「興味がない献立」のときにあそびはじめたり立ち上がったりしてしまうということは、「興味がある献立」なら食べ終わるまで座っていることができる（多い）ということですかね。

まず、子どもの様子をよく見たうえで、献立に対する「興味の有無」が離席に結びついているのでは？　と予測を立てたところがすばらしい。コングラッチュレーションです！

となると、作戦は大きく分けて①**「食事（終わり）のルール」**（149ページ）と②**「偏食指導」**（166ページ）が中心となりますが、ここでは、少し角度を変えた話もしておきます。

もし献立にかかわらず、大なり小なり集中していない様子があるときは、意外な落とし穴があるかもしれません。

「まわりの様子が気になる」ために、集中して食事ができていない可能性も考えられます。みんなが食べている様子とか、先に食べ終わった子が外であそんでいる様子とか。献立（食べること）には興味はあるけど、それ以上に「まわりの様子が気になる」のかもしれません。

やたらと目線が動いていたり、立ち上がって様子をうかがうそぶりがあったりするときには「まわりの様子が気にならない」ように工夫をしましょう。

いちばんいいのは、壁を向いて食べるとか、ついたてをするとか「物理的に」目線を制限する（よけいな情報を入れない）方法です。こうすることで食事に集中してもらう方法は、人気のラーメン屋さんでも行っているアプローチです。

もちろん、これは食事だけではなく「勉強」にも有効なのは、塾などで見られる「自習室」が仕切りでおなじように目線を制限していることからも伝わると思います。

障害のあるなしや大人や子どもにかかわらず、「目線を制限する」は集中して活動に取り組むための基本的で効果の高いアプローチだから、知っていてくださいね。

平熱のひとこと

☑ だからVRゴーグルにはあんなに没入感があるんだよ。

生活習慣
03

手洗い、歯みがき、入浴など衛生観念について理解できず、行動を嫌がります。清潔でいることを教えてもわかってくれません。

今回の課題は2つです。

①衛生観念（清潔でいること）が理解できていない
②手洗い、歯みがき、入浴を嫌がる

この2つの課題に取り組んでいくまえに、アプローチの方向性を定めます。

まず、わたしたち大人は衛生観念を「理解できている」から、手洗いや歯みがきをすることが「できる」のでしょうか？

もちろんその側面はあります。

手を洗わないと病気になる、歯を磨かないと虫歯になる、入浴しないとにおいが……など「衛生観念が理解できている」ことは、それらを行う「理由」になります。

ただ、そんなことより、手洗いや歯みがきってめんどくさくないですか？
わたしはしょっちゅう感じます。とくに疲れがたまっていたり、酔っ払っていたりすると、歯を磨かず、風呂にも入らず寝ちまいたいです。それでも（絶対じゃないけど）毎日それらをこなせるのは**「衛生観念が理解できている」以上に「めんどくさい気持ち＜やらないときのデメリット」で行動しているからです。**

わたしたちだって、衛生観念「だけ」を理由に動いているわけではありません。歯を磨きたくない気持ちより、磨かなくて虫歯になるほうがめんどくさいから、磨いているんです。大人は、歯医者に行く手間やお金がめんどうなことを知っていますからね。

おなじ理屈で言えば、「衛生観念が理解できている」という「理由」をハッキリもっていなくても、子どもたちが動いてくれるかもしれません。

つまり、「衛生観念が理解できていない」状態だとしても「めんどくさい（嫌がる）気持ち＜やらないときのデメリット（＝やったことで得られるメリット）」の構図をつくることができれば、手洗いも歯みがきもやってくれるんじゃないでしょうか。

すなわち、「①衛生観念（清潔でいること）が理解できていない」ことをクリアして

から、「②手洗い、歯みがき、入浴を嫌がる」の対策をするという順番にこだわらなくてもいいんです。

もちろん、①だって大切です。その子が理解できるやり方で、しっかり教えていきましょう。ただ、①と②は並行して進められます。そして、①ができないまま、②を先に達成することもできるかもしれません。

②については、先述した通り「めんどくさい（嫌がる）気持ち＜やらないときのデメリット（＝やったことで得られるメリット）」がポイントです。

伸ばしたいのは「ポジティブな見通しをもつ力」と「折り合いをつける力」です。

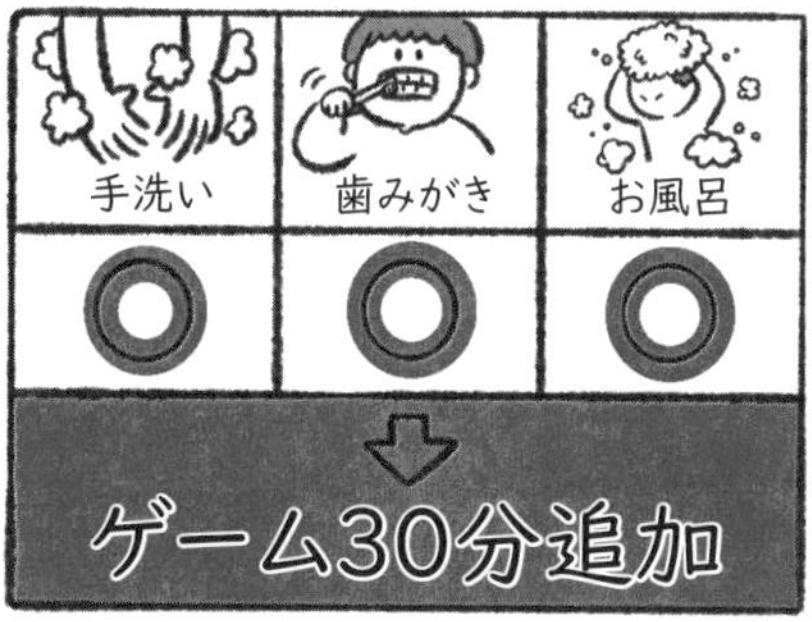

「手洗いや歯みがきの意味は正直そこまでわかってないし、めんどくさいけど、これをもらえるならやってもいいか」

こんな状態を目指して、子どもに学習していってもらうことが大切です。

具体的な方法をひとつ紹介します。

たとえば、家に帰ってからの「するべき活動」と「達成したときのごほうび」を（表にするなど視覚的にわかりやすくして）設定する方法があります。

上のように、3つの○がついたらたのしいことが待っているという「ポジティブな見通し」があれば、子どもたちも積極的に○を埋めていくことができるかもしれません。

少し話がそれますが、このように「小さながんばりを集めて、大きなごほうびと交換する」を理解していくことは、とーーーっても大切です。
卒業したあと、大人になってからもずっと使える武器です。

金曜までがんばったら土日が休みとか、毎月20日まで働いたら給料がもらえるだとか。目のまえのしんどさを「ポジティブな見通し」で我慢したり折り合いをつけたりしながら乗り越えていくスキルは重要でしかありません。

子どもたちにとってもう少し身近な話をすると「お小遣いを貯めてゲームを買う（貯金の練習）」もおなじような話です。ぜひ、いろんな場面で練習していってくださいね。
もちろん理想（ゴール）は、「衛生観念が理解できて（ごほうびがなくても）手洗い、歯みがき、入浴を嫌がらず行える」ですが、そこに至るまでに、今紹介したような考え方や取り組みを試してみてもいいかもしれません。

＼生活習慣／
04

おもちゃ、本などを片づけられません。「片づけなさい」と言っても取りかかろうとしません。

まず、はじめに。このようなケースを「片づけられない」とひとことでまとめてしまっては、はじめの一歩を踏み出せません。

なんらかの状況やスキル不足のため「片づけられない」状態の子に、何度「片づけなさい」と言っても取りかかってくれないのは当然です。

北風を吹きつけても、子どもの服は飛ばせません。もし、強引に飛ばせたとしても、子どもは怒るか泣いちゃいます。だから、できるなら、ぽかぽかした太陽のように子どもが自ら「片づけちゃう」ようにサポートをしてあげることができたら最高ですよね。

では、今回のお悩みに対して、複数の手立てでアプローチしてみます。

①片づけのハードルを下げる

落としどころをつくる方法ですね。

散らかった服、おもちゃ、本をそれぞれ所定の位置に適切な収納方法で片づけることが、子どもにとってすごくハードルが高いとします。

「片づけられない」子どもにいくら片づけを促しても、暖簾《のれん》に腕を押し続けているだけです。一向に解決に向かいません。ちがう言い方をすると、子どもの「できた！」を積み重ねていくことができません。

したがって、**「（できるだけストレスなく）片づけられる」位置まで片づけのハードルを下げます**。

たとえば、服、おもちゃ、本を「ひとつの大きい箱にとりあえず入れるだけ」ならどうでしょう。分別も向きも関係ありません。ただ、つっこむだけです。これで「片づけられた」とするなら「できた！」ことになります。

もちろんこのままではなく、頃合を見てつぎの段階に進み「できた！」の質を上げていきましょう。

「服、おもちゃ、本をそれぞれ別々の箱に入れる」↓「服とおもちゃは別々の箱、本は本棚へ」のようにその子に合わせて「できた！」を積み重ねながらレベルを上げていけないか、考えてみましょう。

②視覚的にゴールを示し、片づけをすることで得をする条件を設定する

片づけられた状態の写真を見せ、視覚的に「この状態になればオッケー！」を理解してもらいます（散らかった状態の写真を「この状態はよくないね」と、片づいている状態の写真と見比べてもらうのもありです）。

そして「写真のように片づけができたら、こんないいことがあるよ！」と、**モチベーションの上がるごほうびを、その子にわかるように提示してみましょう**。動画を観られるのもいいし、お菓子がもらえるのもいいです。シールをいくつか貯めて、なにかと交換するのもいいですね。お小遣いもありかもしれません。

ごほうびを与える側の負担になりすぎず、もらう側が得をしすぎないバランスで整え

てみてください。写真を見せて視覚的にゴールを設定しておくのは、完成形をわかりやすく提示するという意図もありますが、「○か×か」を子どもに説明するというメリットもあります。

「片づけてね」とだけ声をかけ、子どもが「できた！」と思って報告したのに、大人から「できてない！」と言われたときには、やる気なんてシャインマスカットより早くなくなります。

だから、**おたがいに「視覚的に（具体的に）ゴールを共有」できていることが大切です**。もちろん写真じゃなく、文字やチェック表で理解できるならそれでも構いません。

③スケジュールで提示する（スケジュールに入れ込む）

こっちは「見通し」ですね。

②と重なる部分も多いですが「片づけてね」と口で伝えるだけではなく「片づけ」↓「ゲーム」などと提示しておくことで「片づけが終わったらゲームができる！」をモチベーションにしてもらう方法です。

スケジュールは写真、イラスト、文字、言葉など、その子に伝わる方法で提示しましょう。また、これは「スケジュールをこなす」こと自体にこだわりがあったり、ごほうびになったりする子どもにも有効です。

④片づけそのものをたのしいことにする工夫

特別支援学校には「片づけ」が好きな子がわりといるんですよね。散らかっているものをそろえたい、並べたい、収納したいんです。たくさん放って散らかった輪投げを、穴を棒に通しながら重ねていくのがおもしろい感覚は、もしかしたらみなさんも共感できるんじゃないですか？

こんなふうに、その子が**「片づけそのものをたのしめる」環境が設定できたら最高で**

す。音楽を流して「この曲が終わるまでに片づけだ！」、タイマーをセットして「タイマーが鳴るまでに片づけよう！」などゲーム感覚にするのもいいかもしれません（この方法は、徐々に時間設定を短くできるメリットもあります）。

このように、いろんな方向からアプローチをしてみてはいかがでしょう。

もちろん、これはすべて「同時に」行っても構いません。というか、むしろ「同時に」行えるなら行っていきましょう。

片づけのハードルを下げ、片づけをたのしめる環境を設定し、小さな「できた！」を重ねていく工夫をする。具体的にゴールを共有し、片づけたらどんなごほうびがあるかを提示し、見通しをもって取り組んでもらう。

合体技です。「水の呼吸！　ゴムゴムのかめはめ波」です。

さらに、その子の特性・性格や（生活）年齢に合わせて声かけを変えていけるといいかもしれません。

はじめは「できたね！」「上手だね！」「やった！」などタッチや頭をなでながら伝え

るなど、オーバーに声をかけてほめることも多いと思います。愛マシマシのサポートで最高です。

そこから少しずつ「ありがとう」「きれいになったね」「助かるなぁ」など声かけを変化させていくこともまた、大人の役割です（これもスモールステップのひとつです）。

また「本を1巻から順番に並べられたね！」など**「具体的に」よかったところをほめていってあげることも重要です**。子どもたちも「なにがよかったか」を把握しやすくなります。

ただし「具体的にほめなきゃ！」とがんじがらめになってほめるタイミングを逃すくらいなら、「なにこのきれいな部屋!?　部屋がときめいてる！　これはときめきの片づけや!!」とか言ってくれるほうがうれしいです、わたしはね。

平熱のひとこと

☑ **合体技ってめちゃくちゃ強いから！**
かっけーし。

＼生活習慣／

05

自分のペースを乱したくないのか、急《せ》かされることを嫌がります。あそびの時間が終わるたびに泣いてしまいます。

まず、お悩みにある「抽象的」な表現を「具体的」に置き直すところからはじめます。

「自分のペースを乱したくない」「急かされることが嫌い」という「抽象的」な表現は、**「活動を途中でやめられない」「つぎの活動に切り替えられない」**という「具体的」な課題に置き換えることができます。

「ペースを乱したくない」「急かされることが嫌い」とは言え、やることをやり終えていたり、いつでも活動をやめられるゆとりや見通しをもっていたりすれば、「活動を途中でやめる」「つぎの活動に切り替える」ことはそれほどむずかしくはありません。

このような課題のほとんどは、「ぼくはまだ（のんびり）やりたいのに！」「活動の途中なのに！」なんて気持ちから、ペースを乱される（活動を途中で打ち切られる）ことが原因です。

つまり「どうやったらペースを乱されても平気になる？」「どうしたら急かされても大丈夫になる？」と「抽象的」な課題としてメンタル面にフォーカスして解決を狙うとしんどくなります。

したがって**「どうやったら活動を途中でやめられる？」「どうやったらスムーズにつぎの活動に切り替えられる？」と「具体的な」課題にして、メンタル面ではなく「行動面」にフォーカスして解決を狙います。**

「活動を途中でやめる」「活動を切り替える」、特別支援学校ではこれらの練習に**「時間・回数を明確にする」「つぎの活動を提示する」**などのアプローチを中心に取り組んでいきます。

言いかえると、**「活動の終わり」と「つぎの活動」への「見通し」をもたせるようにしています。**

少し今回のお悩みとはズレますが、「活動を途中でやめる」「活動を切り替える」ためのアプローチを、ある場面で説明します。

男の子が、毎回あそび時間の終わりを告げられるたびに「まだあそびたい！」と泣いています。先生は「ダメだよ、もう終わりの時間でしょ！」と説得しますが、男の子はなかなか納得できません。あそびを続けようとしてしまいます。

半ば強引におもちゃを取り上げたり、その場から引きはがしたりしつつ、先生は「終わりって言ってるんだから終わりなの！　時間なの！」と終わりの時間がきたことを強調しますが、子どもは泣き止みません。

この男の子は、毎回のようにあそびの時間の終わり際に泣いています。男の子の様子を観察し、できるだけ彼の気持ちになって考えます。

数字や時計の理解がまだ十分ではないため「〇分になったら」「時計の針が〇になったら」と説明されても彼にはむずかしい。

そうなると、彼からすれば毎回「いきなり」終わりが告げられているわけです。わたしたちでいうと、ドラマや映画のいちばん盛り上がるタイミングでいきなり停止されるようなものでしょうか。

そりゃあ悲しくて不安です。男の子の涙を少しでも止めるために、まず彼に①**「わかるように」終わりや残りの時間（場合によっては回数）を示していきましょう。**と、同時に②**「つぎはどんな活動があるか」「つぎにあそべるのはいつか」など「先の予定」を示してあげることも重要です。**

男の子は「いきなり」終わりを告げられるショックと同時に「もうあそべないのではないか」という不安から「活動をやめられない」のかもしれません。「いきなり終わりを告げられる」「もうあそべないかもしれない」この2つのショックをやわらげられるように「時間をわかるように示す」「つぎの（たのしい）見通しをもたせる」ことで応戦します。

そして、これらはあそびはじめる「まえ」に伝えます。

あそびの「途中」で伝えると、伝わりにくいのは想像つきますよね。あと、まえもってルールや約束を理解し、守る練習にもなります。

①「わかるように」終わりや残りの時間・回数を伝える

まず、時間や回数は「視覚的に」示してあげるほうがわかりやすいです。

タイマーや砂時計など、**残り時間が「目で見てわかる」ツールでのサポートがおすすめです**。

ただ、あそびや活動によってはしょっちゅうそれを目にすることもむずかしいでしょうから、少し時間を短く設定したタイマーを手渡したり、ポーチやポケットに入れたりしておき、アラームが鳴ったらタイマーや砂時計を確認して「残りが少しであることを知る」ような環境設定も必要かもしれません。

別の角度から見ると、このような「一度目のタイマーで残り時間を確認する」のような**「終わりまでワンクッションあるサポート」**は、**「いきなり」終わりを告げる負担を減らす効果もあります**。

あとは、たとえばあそび時間が25分の場合。5分ごとにタイマーを鳴らし、5つのマグネットをひとつずつ取っていくようなサポートの方法もあります。

もちろん子どもの特性や性格、時間の理解度によってはタイマーだけ渡しておくのでも十分です。

「タイマーが鳴ったら教室に帰ってきてね」などと声かけをして渡します。その子に合わせてサポートや手立てを考えていきましょう（目や頭はたくさんあったほうがいいので、学校の先生やまわりの人に相談してくださいね）。

②「つぎはどんな活動か」「つぎにあそべるのはいつか」など先の予定を示す

そして同時に「つぎはどんな活動があるか」「つぎにあそべるのはいつか」も提示します。

文字やイラストなど、その子にわかる形で伝えてください。

「タイマーが鳴ったら片づけをするよ。片づけのあとは手を洗って給食。そのあとは歯みがきだけど…ほら見て！　歯みがきが終わったら、またあそべるよ」

と「またあそべる」ことを伝えて、今回のあそびを途中でやめる負担を減らしていくわけです。

スケジュール的に「外であそぶ」など大がかりなあそびができないこともあるでしょうから、「動画を3分観る」

のような、小さくてもいいので先にある「たのしみな見通し」を用意してあげることで**「目のまえの活動をやめる（切り替える）」きっかけをつくっていきます**。

何度も繰り返しますが、これらをあそびはじめる「まえ」に伝えて、子どもが理解し、納得した状態であそびはじめられることを目指しましょうね。

活動をやめ、切り替えていくことは簡単ではありません。小さいことからたくさん練習していきましょう。

平熱のひとこと

☑ 絶望のあとには、希望がなきゃいけない。

＼生活習慣／

06

朝、なかなか起きてくれず、起こすのが大変です。反対に、夜はなかなか寝たがりません。

この問題は、パッと見では「起きられない」と「寝るのが遅い」の2つが1セットになっています。けれど、「寝るのが遅い」から「起きられない」わけで、つまり「早く寝る」ことができれば「起きられる」可能性がグッと上がります。**ですから、重点的にアプローチしていくのは当然「早く寝る」のほうです**。

言いかえると、「早く寝る」にアプローチしないまま「早く起きる」は無理ですよね。あたりまえです。もし、「遅く寝て、早く起きる」ができたとしても睡眠時間が足りないので、ほかへのしわ寄せが当然出てきます。

子どもが寝たがらない理由、夜更かしする理由でもっとも多いのは、テレビやゲーム、スマートフォンなど「たのしい娯楽」がやめられないことです。その中でもスマートフォンやタブレット、携帯ゲームは、ベッドにもぐりこんでからも、寝転んで楽に触り続けられるので、永遠にやってしまう気持ちはよくわかります。


今回は「スマートフォンを触り続けて夜更かししてしまう」を例にして考えます。

まぁこれは、多くの大人だってそうなんですから、まだいろんな経験が浅く、見通しが未熟な子どもが夢中になるのは仕方ありません（自分が学生だったら、気を失うまでパチパチやっていたいですよね）。

では、この課題にどうやって対応していけばいいでしょうか。


いろんな方法がありますが、いちばん話が早いのは「スマートフォンを使えるのは◯時まで」と約束して親に預けさせるなど、**「触れない環境」を設定してしまうことです。意識ではなく、環境に働きかけます。**

そう、これが特別支援教育の基本、「困った行動を起こさせない」環境設定ですね。

最近では「スマートフォンに触らないためのグッズ」もたくさんあるので検討してみてください。箱の中にスマートフォンを入れ、ロックしてタイマーをかけ、一定時間が経過しないと開けられないグッズなんて、うまく使えばそれだけで強力な目覚まし時計になります。

ただ、これらは子どもにとってストレスが大きいこともあるでしょうから、「22時から5時までロックをかけておくよ。たくさん寝て早く起きれば、元気な体でスマホに触れる時間がずっと増えるよ」なんて声をかけて「たのしい見通し」をもたせることで、たのしみを奪い取るのでなく、落としどころやおたがいのメリットが一致するところを探せないか考えましょう。

ちなみに、特別支援教育全般に言えることですが、このように**「物理的にできなくする」のは、とても大事な「一手目」です**。

子ども、というか全人類にとって「まちがった学習」を修正していくことは大変なので、「正しい学習」を積み重ねていくほうが、両者の負担は少ないです。

したがって、**失敗を注意して修正していく方法より、そもそも失敗しない（失敗できない）環境を整える方法を意識していきましょう**。

今回のケースでも、スマートフォンを持たせたまま「いつまで触ってるの！　早く寝なさい！」と注意するより、「そもそも触れない」環境を設定するほうが「正しい学習（＝早く寝る）」を積み重ねやすいのは一目瞭然です。

夜更かしにはデメリットがあり、早寝早起きをすればするほどメリットが得られるような状況を「物理的に」設定していくことができれば、「早く寝る」＝「早く起きる」もセットでできていくようになるんじゃないかと、眠い目をこすりながらスマートフォンをパチパチやってる先生は思うのです。

平熱のひとこと

☑「お菓子を食べない」じゃなく「お菓子を買わない」なんだよ。このむつかしい話わかる？

＼生活習慣／

07

暇さえあればYouTubeばかり見ています。宿題もやらず、本を渡しても読もうとしません。

そりゃそうですよね。宿題より読書よりYouTubeを見るほうがたのしいし、楽ちんだし。渡すだけで、やりたくない宿題をやってくれたり、興味のない本を読んでくれたりするほうが驚きです。

わたしたち大人だって、仕事に行かず家事もせず、YouTubeを見続けて暮らしたい。けれどわたしたちは、仕事をして家事をこなし、やるべきことをやったあとで、YouTubeを見るための時間をつくっているんです。

すなわち、いちばんの問題は「暇さえあればYouTubeを見ている」ことではなく「やるべきことができていない」、また「(本来そうであるべき)優先順位がつけられていない」ことですよね。

だからわたしたちが子どもに対してサポートしていくのは**「宿題や読書をする」ことで得られるメリットを理解し、実践できるような環境設定や、折り合いをつけていく手助けです。**

今回のお悩みに対してもっとも行われているのは、「宿題（読書）をするとYouTubeが観られる」といった提案でしょう。子どもと大人、どちらにとってもわかりやすいし、昨日も今日も、全国の家庭で何万人かのお母さん・お父さんたちがカリスマ裁判官のごとく通告しているはずです。

ただ、この環境で口にしがちな言葉かけは「宿題しないとYouTubeは観られないからね！」なんですね。特別支援教育ではこのような言葉かけは、リボ払いよりおすすめしません。

かけていくのは「宿題したらYouTubeが観られるよ！」といった、**「見通し」があり（できれば）ポジティブな未来を連想させる言葉かけです。**

というのも、「宿題しないとYouTubeは観られないからね！」では「宿題をしなかったらYouTubeが観られないのはわかったけれど、じゃあ、宿題をしたらなにができるのか」は読み取りづらいんです。「じゃあ結局なにができるの？」に着地しかねません。あと、否定的な言葉が並ぶので、やっぱり心もチクチクします。

これらの言葉がけは、**やるべきことやメリットを具体的に伝えるほうが、よりパンチ力が増します。**

わたしたちだって

「仕事をしないと、給料もらえないからね！」より、

「1日8時間を週5日、1ヶ月で20日働けば30万円もらえるよ！」と言われるほうが、よっぽどやる気になりませんか？

今回は、お悩みに対し、「見通しをもてるポジティブな言葉かけ」でアプローチしましたが、これは「声をかけるだけで子どもがスルスル動く魔法の手立て」じゃありません。動いてもらえないことだって、週に8日はあるでしょう。

「言葉がけ」だけではなく、136ページで紹介した「宿題を細切れにする」のような、いろんなアプローチを絡めてみてください。それでもすべてはうまくいきません。どこ

かでおたがいの折り合いをつけ、落としどころを探ることが大切です。

大人はどうしても、子どもが「自分の思い通りにいかない！」ことに腹を立ててしまいます。ですが、「自分たちの思うように子どもたちをコントロールすること」だけが正解と思っているわけじゃありませんよね。常に大人の言うことを聞くだけの子どもを育てていきたいわけじゃないはずです。

自分自身で「これをすれば、こんな（たのしい）ことがあるんだ！」を学び、できる限り自分の足で進んでいってほしいじゃないですか。だから**「（できるだけ具体的でたのしい）見通し」をもたせる言葉を選んでほしいんです**。こっちが用意した道を進ませるために、子どもの体を強引に反転させるんじゃなく、子どもが自然と進みたくなる道すじを用意してあげられたらいいですよね。

いつか、子どもが「自分で」その道すじを見つけてくれるまで。

＼生活習慣／

08

ほしいものを衝動で買ってしまい、すぐにお小遣いを使い果たしてしまいます。

このお悩みも、パッと見はつながっているように見えますが、いちばん大きな問題は「衝動的に買うこと」ではなく「お小遣いを使い果たすこと」です。

自費で宇宙へ行けちゃうような社長が、衝動的にうまい棒を８０００００本買っても問題はありません。

持っているお金や生活に支障がない範囲の衝動買いなら、さほど大きな問題ではありません。

つまり、衝動的であることよりも、持っているお金を使い果たすような「困った」使い方をしてはいけないことを学ばないといけません。もちろん衝動買いもほめられたものではありませんが、そのたのしさや後悔を、大人だって何度も何度も味わってるじゃないですか。

したがって、重点的にアプローチしていくのは「お小遣いを使い果たさない」お金の使い方です。では、どうやってこの課題に取り組んでいけばいいのでしょうか（この例は109ページでも紹介しているのでいっしょに読んでみてください）。

「お小遣いを使い果たしてしまう」は、言いかえれば「使い果たせるだけの（なくなったら困る）お金を持っている状態」です。

この状態は「一定額を決めず、ほしいものがあれば、その分のお金を渡す」というお小遣い制度では、当然ながら多発します。というか、この制度では衝動買いのアシストしかできません。そりゃそうですよね。計画性がひとつもないんですから。あとは、「毎月3000円」など、一度にもらえるお金が多いお小遣い制度でも、起こりがちです。

「衝動買い」をもう少し具体的に定義すると、「後先を考えず、目のまえにある欲求の通りにお金を使う」です。「目のまえの欲求」を満たせるだけの金額があるのなら、使ってしまいたくなります。

とくに、「見通しをもつこと」や「気持ちや衝動性のコントロール」が苦手な子どもならなおさらです。

もう、おわかりですね。

そうです、ここでは、一度に入ってくる金額を少なくします。そうすれば、「目のまえの欲求に使えるだけのお金を持っていない」状態がつくりやすくなるからです。ない袖は振れません。特別支援教育でいうところの**「物理的にできなくする（しにくくなる）環境設定ですね。**

「30日に1回3000円」よりも「10日に1回1000円」のお小遣いシステムのほうが、「後先を考えず、目のまえの欲求の通りにお金を使う」可能性が少し下がります。「1日に1回100円」では、さらに下がるでしょう。

「冬のボーナスが60万円出たから！」と衝動買いをする大人は多いと思いますが、これを1日3300円もらって貯めていたとすると、「60万円のボーナス」から「毎日

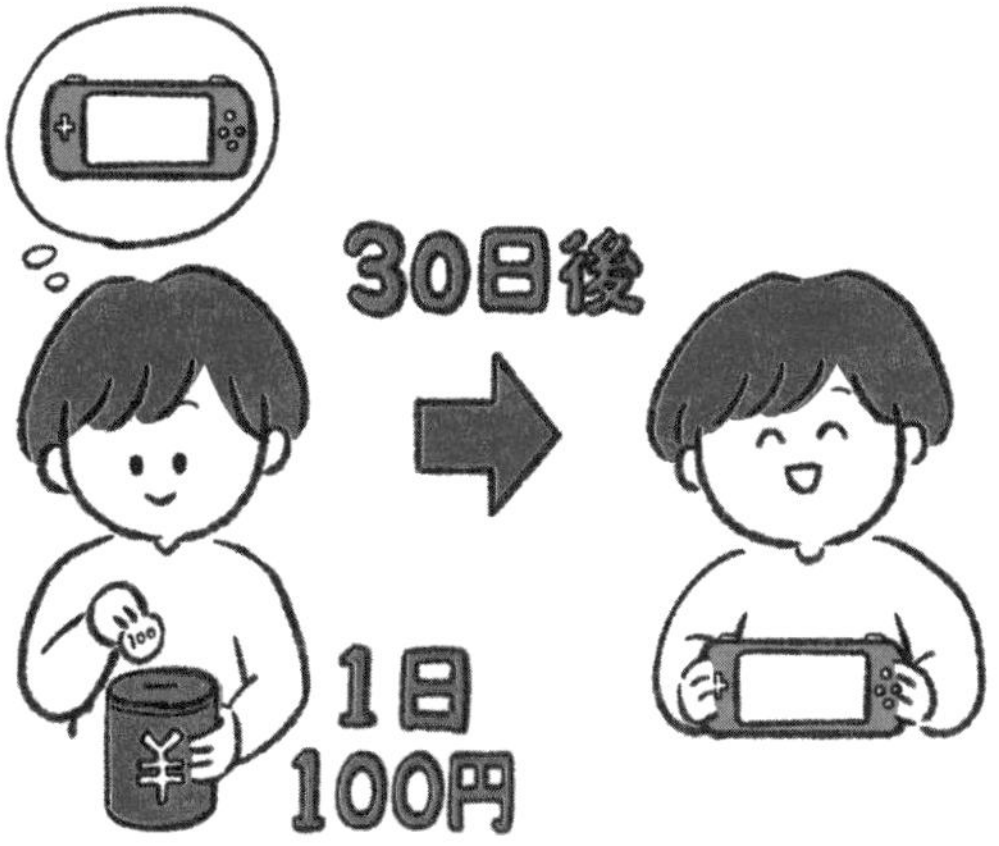

３３００円を半年貯めた60万円」に話が変わりますね。「臨時収入」ではなく「こつこつ貯金したお金」になるため、衝動性は小さくなります。

「１日１００円ずつ貯めても、30日後に３０００円を１回で使ってしまったら、結局いっしょじゃないか！」と思うかもしれません。結果としてはおなじでも、過程は全然ちがいます。

「30日後の３０００円」を使うことができるのは、「30日後の見通し」をもち、「３０００円になるまでの30日の我慢」ができた子だけです。

「来月発売されるゲームのために貯めてお

こう」と、**自分の欲求を理解してコントロールしたり、目標のために小さな努力を積み上げたりすることができていきます**。もちろん、この力はお小遣いの話に限らず、たくさんの場面で子どもたちを助けてくれます。

子どもの衝動性や見通しをもつ力、計画性などを判断しながら適切なタイミングで適切な額のお小遣いを渡してあげられるといいですね。蛇口を緩めたり閉めたりしながら、水量を調整してあげるのは大人の役目です。

その一方で、誕生日やクリスマスなどの大きなイベントに「衝動買い（お金を貯めずにできる大きな買い物）」をする機会を設けてあげるのは、全然問題ないと思います。パーッとお金を使う喜びを知るのも大切です。

日頃からほしいものに優先順位をつけ、それを買うためにほかのものを我慢する。そうやって貯めたお金で、ほんとうにほしいものを買う。そういった感覚を育てながら、子どもたちにはお金と上手につき合ってほしいと思います。

あ、チャイムが鳴りました！　ボーナスで衝動買いしたエアロバイクが届いたぞ。

＼対人関係／
01

空気が読めず、見たまま、思ったままのことを伝えてしまい、相手を怒らせてしまいます。

まずは「空気が読める」という抽象的な表現を、もう少し具体的に言いかえます。

「空気が読める」とは、「こういうときには、こうするんだろうな」の正解率が高いことです。すなわち、無意識に「空気が読めているかどうか」というより、**（無意識とはほど遠くても）多くの人が思う「こういうときには、こうするんだろうな」の正解を当てられることが、結果として「空気が読める」ことです。**

目指したいのは、ここです。

多くの人が自然にもっているであろう共通認識「こういうときには、こうするんだろうな」は、集団や状況によって変化します。

たとえば外国に移住したら、「こういうときには、こうするんだろうな」がまったくわからなくなります。無意識に、自然と「空気を読むこと」なんてできません。だから、少しずつ「擬態《ぎたい》」していくほかありません。

日本ではやらないし、自分の本心とも若干ちがうけれど、その土地の文化に合わせた「こういうときには、こうするんだろうな」が実践できていれば、（まわりの人から見て）「空気が読める」ことになります。

いわゆる「空気」を理解することがむずかしい、発達につまずきのある子どもたちでも、**「こういうときには、こうするんだろうな」を「学習」して少しずつ積み上げれば、「擬態」できるようになっていきます。**

お悩みにあるような、人の「外見」に触れることは、とてもむずかしいテーマです。「今日もかわいい髪型だね」が相手のハートを撃ち抜くか、それともハラスメントを撃ち抜くかは、関係や人間性などによって変わります。

だから、もうルールで決めていいと思います。将来的な話だと、職場では「外見の話はしない」というようなルールです。

外見について、うまく（相手が望むように）ほめることができれば、もちろんポイントは上がります。でも、失敗すれば、上がるよりも多くのポイントを失います。

同僚を見て「目が細い」「胸が大きい」「髪が薄い」などと思ったとします。これを相手に伝えたとて、ものごとがプラスに運ぶことは十中八九ないでしょう。

「足が長いですね」「肌が綺麗ですね」なら場合によっては少しマシかもしれませんが、そんな微妙で繊細な判断に頭を抱えるくらいなら、職場で「外見の話はしない」と一律のルールにしてしまうほうが、よっぽど気が楽です。

子どもたちは悪気なく「思ったまま」「見たまま」のことを伝えて、相手を怒らせてしまいます。思うのはセーフですが、言うのがアウトなんです。

だからわたしたちは、伝えていかなければなりません。

「あなたに悪気がなかろうと、思ったままのことを言えば傷つく人がいる。だから言ってはいけないんだよ」と。「思ったままのことを言うのは、いつもすてきなわけではないんだよ」と。

そして「外見」「家庭環境」「ジェンダー」など、「言うことで地雷になりうるカテゴリー」については、「空気が読めようが読めなかろうが、言わない」というルールに落とし込んでいくほうがベターではないでしょうか。

「よくわからないけど、人の見た目について思ったことを言っちゃいけないんだな」と子どもに思ってもらえるくらいが、今回の落としどころだと思います。

わたしたちが「この資料って作成する意味ある？」と思いながらも、まぁ渋々やっておく、みたいなイメージです。仕事でもプライベートでもそうですが、相手の外見についてあれこれ言わなくても、良好な関係は構築できるはずです。

具体的な練習方法として、**「外見の話はしない」**と縛りを用意したうえで、**「相手の服装や持ち物をほめる」「天気の話をする」「趣味の話をする」**などの切り口で雑談をしてみるのはいいかもしれません。

たとえば「今から3分間、趣味の話を中心に、初対面の人と会話をしてみましょう」みたいなことがうまくできれば、立派に「擬態」できていると言えるのではないでしょうか。

「この人は目が細くて髪の毛が薄い」とどれだけ思っていたとしても、それを一ミリも伝えずに「そのカバンすてきですね。どこで買ったんですか？」「寒いですね」「ここまで歩いてきたんですか？」など、箸にも棒にもかからない会話ができれば「こういうときには、こうするんだろうな」ができています。**本心ではなくとも、その場に合わせて「擬態」し、結果として「空気を読む」ができる人の完成です。**

もちろんほんとうは「どうして人の外見についてあれこれ言ってはいけないのか」を本質的に理解でき、自ら言わないことを目指せるなら、そうするべきです。でも、それがむずかしいのなら**「自分の本音がどうであれ、言ってはいけないことがある」を「学習」していくことが大切なんだと思います。**

わたしですか？　好きなだけ外見をほめてくれてオーケーです。顔でも胸でも足でもなんでもいい！　ほめてくれ！　さあ！

平熱のひとこと

✓コミュニケーションには「よけいなことを言わない」っていう「防御力」も必要なんだよ。

\対人関係/

02

友だちに誘われても、いっしょにあそぶことができず、だれかとの共同作業もできません。

「友だちに誘われてもいっしょにあそべない」について、まず考えてほしいことがあります。それは、その子にとって「無理なあそびは無理」ということです。

「いっしょにあそぶ」は、みんなだろうがひとりだろうが、そもそもその「あそび」自体ができないことには、はじまりません。

「アイスホッケーやろうぜ！」と声をかけられれば、わたしだって「友だちに誘われてもいっしょにあそべない」になってしまいます。

つまり「そもそも、そのあそびができるのか」を見てあげないといけません。「いっしょにあそぶ」ための第一歩は、その「あそび」自体の練習が必要です。

もうひとつ、大人が子どもに求める「いっしょにあそぶ」の定義についても、考えてみましょう。サッカーや鬼ごっこ、ままごとなど「瞬間瞬間で、すべきことや役割を判断する」あそびはかなりレベルが高いです。

苦手な子どもには、ほんとうにむずかしいです。少なくとも、かなりの練習を積んでからじゃないと、しんどいはずです。

ただ、一方で、

①順番がある
②ひとりずつできる
③繰り返し行う

こんなあそびなら、参加できる子だっています。

具体的には、トランプ、ジェンガ、ボードゲームなどです。ボウリングやカラオケだってそうですね。大人だって、こうしたあそびが好きな人は大勢います。立派な「いっしょにあそぶ」です。

つまり、**まず目指したい「いっしょにあそぶ」は、「いっしょの空間にいる」ことで成立するあそび方です**。

もしかしたら、子どもにとってジェンガもボウリングも「順番のあるひとりあそび」なのかもしれません。それでも「いっしょの空間にいる」ことができているし、「自分の役割」を果たしています。これはサッカーや鬼ごっこではむずかしいことです。

お悩みに戻ります。「共同作業ができない」もおなじ考え方ではじめましょう。

そもそも、その「作業自体」ができるのか。できたとしても、声をかけ合い、タイミングを合わせることができるのか。おたがいの作業内容を理解し、補完する動きができるのか。

ひとことで「共同作業ができない」とぶったぎるのではなく、**「なにができないのか」「どうしてできないのか」を細かく分解して掘っていくことが大切です**。

もし、それがうまくいかないなら「いっしょの空間に（トラブルなく）いて、自分の仕事ができる」を目指しましょう。立派な「共同作業」のひとつです。

作業や仕事においても「自分の役割を果たす」ことが、結局はもっとも大事です。ライトを守っているのに、レフトに飛んだ球を取りにいく必要はありません。ただし、ライトもレフトもおなじチームで勝利という共通の目的をもち、「共同作業」を行っている仲間です。

ここまで説明しておいて、全部をひっくり返すようなことを言いますね。

「ひとりであそぶ」は「みんなとあそぶ」より上でも下でもなんでもありません。もし「いっしょの空間にいる」がむずかしく、ひとりであそぶことばかりになってしまっても、**その子にとってそれが「ベストなあそび方」なら、まわりがそれを尊重することだって必要です。**

保護者はどうしても、ひとりであそぶ子どもの姿に不安を覚えてしまいます。うまく友だちができないことに、モヤモヤするでしょう。

それでも、考えてみてください。

友だちとあそびたいのに、あそび方がわからないなら、もちろんサポートが必要です。

けれど、**そもそもひとりでたのしいのに、大人が強引に友だちの輪に放り込むことがいつだってベストな答えでしょうか。**

安心してください。この原稿だってそうです。

街ゆく幸せそうなカップルを横目に「自分の役割」を果たすため、ひとり喫茶店でキーボードをパチパチやって書き終えました。

12月24日 雪降る街の喫茶店で――

平熱のひとこと

☑ **オンリーでロンリーなクリスマスでした。**

＼対人関係／

03

自分の気持ちや、経験したできごとを言葉にして説明できません。

この課題は「〝気持ち〟や〝できごと〟を説明できない」ですが、並列に語られている2つの言葉は全然ちがいます。

「気持ち」は主観です。ほんとうの意味で、自分以外にその気持ちを知ることはできません。大勢の人が「笑う」場面で「泣く」人だっています。多数決で、人の気持ちは決められません。

外から「今はたのしい場面なんだから笑えよ！」なんて、だれかの「気持ち」を強制できるわけがありません。まだ経験値が小さい子どもたちに「気持ち」を説明してもらうって、ほんとうにすごくむずかしいんです。

わたしたちだって「あのときのあれ、今振り返ったらこんな気持ちだったたな」ってことはいくらでもあるじゃないですか。

気持ちを上手に表現できない子どもの気持ちを、先生や保護者が「〇〇くんは悲しかったよね」なんて簡単に代弁してしまうことには、気をつけないといけません。

気持ちを表すのが苦手だからこそ、自分の真意とズレていてもうまく説明できないまま「悲しかったです」と答えてしまうかもしれません。大人の思惑に、子どもを乗せちゃいけません。

もちろん「自分の気持ちを説明する」はとても大事なスキルです。

ただ、**強引に説明させようとするまえに、慎重に、丁寧に、子どもの気持ちを汲んでいくところからはじめましょう**。

だれかの気持ちを捏造《ねつぞう》してまで、説明させる必要なんてありますか？

一方、「できごと」は事実です。

基本的には、客観視ができます。解釈や感じ方に差は出ますが、水が0度で凍って、100度で沸騰するのはみんながおなじ「できごと」として処理することができます。

そして、**「できごと」は、練習すればずいぶん説明ができるようになります。**

特別支援学校では「5W1H」のような基本的なことを捉える練習も行いますが、たのしくゲーム感覚で練習することも多いです。

「できごと」や「状況」などを人に伝える、説明するための2つのゲームを紹介します。

①今いる教室から、どこかの教室へ説明だけで誘導するゲーム

説明する側は

「教室を出て突き当たりまで左に進みます。そこにある階段を上がり、2階に上がります……手前から2つ目の教室が答えです」

というふうに、誘導したい教室までの説明を行います。

聞き手の子どもは（授業のねらいや性格・特性に合わせて）記憶したり、紙にメモしたりして、それらを頼りに指定された教室まで実際に歩いていきます。

指定された教室を確認したあと、自分の教室に戻り、正解だったかどうか、ここの説明がよかった、悪かった、とおたがいにフィードバックします。

むずかしい位置にある教室に誘導したり、ヒントとして写真を使ったり、難易度や説明の方法を、その子によって変えながらたのしんでいます。

②3ヒントクイズ

最初に自分が考えた正解を３つの情報（単語）に絞り、相手に伝えるゲームです。

たとえば、「動物」「王様」「たてがみ」なら「ライオン」と答えられますが、「動物」「大きい」「かわいい」では正解が絞れません。

まずは相手が答えられるものであることを前提に、自分の答えについて必要な情報を洗い出します。

●正解を「コロッケ」にした場合の、ヒントとなる単語は？

肉屋さん　揚げ物　茶色　じゃがいも　ひき肉　冷凍食品　バーガー　お弁当

……など

この中で、「コロッケにたどりつく情報」で、かつ、「コロッケにしか該当しない3つの情報」を選ぶのは簡単じゃありません。メンチカツが強敵です。

問題に答えるのもたのしいですが、正解と、それをもとにした問題をつくることで「複数の情報を洗い出すことと、その中で必要な情報を絞り切る」練習ができます。

発達につまずきのある子は「情報を絞る」ことが苦手なことも多く、言い方をかえれば「必要のない情報まで、思いついたまますべて詰め込む」説明をしてしまうこともあります。そういう子は、このようなゲームを通して、「できごと」「状況」を説明する力を養っていきましょう。「できごと」の説明ができるようになると、間接的に「気持ち」の説明も上手になっていくんじゃないでしょうか。

ここで、もう一度お伝えします。

「気持ち」は抽象的で主観的です。「できごと」ほど具体的・客観的ではないため、説明がむずかしく感じます。それでも、「人に伝わるよろこび」「人にわかってもらえたうれしさ」などを通して、自分の気持ちを「（人に促されるわけでなく）伝えてみよう！」

と思うことは、きっと遠くないと思うんです。

そうは言っても「自分の気持ちを説明する」がやっぱりむずかしい場合、「防御ワード」を用意しておくのが有効です。

うまく気持ちを伝えられない場面では、正直にこう言っちゃいましょう。

「今、ちょっとパニックになっています」
「気持ちを表すのが苦手です」
「聞いてくれれば答えられるかもしれません」

相手は「説明してくれないと、何を考えてるのかわからない」「どうして思ってることを言ってくれないんだ」とストレスを抱えているはずです。そんなとき、これらの言葉を伝えることができれば、折り合いをつけていけるかもしれません。

昔いっしょに仕事をした人で、「質問に対してその場で回答するのが苦手なので、後日メールをさせてもらえませんか？」と言われたことがあります。もちろん二つ返事でオッケーしました。相手にしんどい思いをさせずにすんだ経験のひとつです。

こんなふうに「防御ワード」で、上手にエスケープしていくのもひとつの手段です。

現代では、メールでもSNSでも「(気持ちや考えを)言語化」できる人は、とても強く見えます。説明が上手な人は、とてもかっこよく見えます。

ただ、「言語化」なんてものはすべてじゃありません。特別支援学校には、発語がない(言葉を発することができない)子どもたちもたくさんいます。

発語のない子どもたちは、絵カードやタブレット、音声パッドなどで自分の要求や主張を伝えてくれます。「言語化」とは少しちがうけど、「伝えたい」って気持ちがなによりも大事じゃないですか。花が咲くためには、いつでも根っこが必要です。

上手に説明や表現ができない子どもたちの気持ちや状況を考えることも、まわりの大人たちがやっていかなくてはいけないことですよね。

ところで、わたしの好意を伝えたメッセージが既読スルーされているのは、「説明が下手だから」でいいんだよね？

＼対人関係／

04

嫌なことを、きっぱり断ることができません。

大人のみなさん、できてます？　きっぱり断るって。

わたしなんて「あー、なんでこの仕事断れなかったんだろう」と頭を抱えることがしょっちゅうです。

心から嫌なことは、嫌だときっぱり断れることが理想です。無駄に空気を読んだり、必要以上の正義感や責任感で自分を追い込んだりしちゃいけません。

ぶっ壊れるから。ほんとうに。

ただ、この「きっぱり断る」は、そのための言い回しや、断ることで得られるメリットを教えたから（知っていたから）といって必ずできるものではありません。その人の立場や性格、キャラクター、タイミングなどにも、少なからず影響します。

発達につまずきのある子どもたちは、いわゆる「空気を読む」や「曖昧さを受け入れる」を苦手とすることが多いです。

「嫌だなと感じたことはいつもきっぱりと嫌だ、やりたくないと伝えましょう」みたいな教え方をしてしまうと、塩梅《あんばい》がわからなくなり、大人になっていく過程においてなんでもかんでも「やりたくない」になってしまう可能性があるのも心配です。

もしそうなると、頼むほうも毎回「嫌だ」「やりたくない」と言われてしまってしんどくなります。とくに、立場が上の人から頼まれたときや、仲間として役割を任された場合にこんなリアクションをしてしまうと、チームとして機能していくのがむずかしくなってしまいます。

子どもが「嫌だ！」を連呼する姿が理想でもないでしょう？

したがって、「嫌なことを断れない」ために是が非でも「きっぱりした断り方」だけを身につけるのではなく「嫌なことを嫌なままやり続けない断り方」を身につけていくほうが、子どももまわりも生活しやすくなります。

ほんとうに嫌なことは「きっぱり断る」、それなりに嫌なことは「折り合いをつけ、落としどころをつくる」ことが「嫌なことを（きっぱり）断る」の基本的なスタンスです。

それでは、どうやってこれらを身につけ、扱っていけばいいのでしょうか。

どちらにせよ、「嫌な理由」「断りたい理由」を明確にすることが理想です。もちろんその子によりますが、目指せるなら「～で、～だから、やりたくない（できない）」と伝えていく練習をしましょう。

だから大人たちは、子どもたちが理由なく「嫌だ！」「やりたくない！」と伝えてきたら**「どうして嫌なのか」「なんだったらできるのか」「いつまで我慢できるか」「どのくらい（の量や難易度）ならできるのか」など、いろんな角度から、理由やおたがいの折り合いを見つけてあげましょう。**

こうすることで、子どもも「ぼくは、こういうところが嫌なんだな」「わたしは、こっちだったら嫌でもないな。できそうだな」を学習していきます。

あ！　言わずもがなですが、こんなとき「嫌じゃないでしょ！　嫌でもなんでもやりなさい！」の一辺倒は、海外旅行にパスポートを忘れるよりも最悪です。

子どもといっしょに分解した「嫌だ」「やりたくない」を丁寧に言葉にして、

「ぼくはこっちのあそびじゃなく、あっちのあそびがしたいんだ」
「今は疲れてるから、家でのんびり過ごさせて」
「今日じゃなく、明日だったらできそうです」
「10個は無理だけど、3個ならできそうです」

なんて言えたらめちゃくちゃクールです。

あとは、現実的な対処法として、**「本人に直接言わない」、つまり「相談する」スキルも同時に身につけさせていきましょう。**

特別支援学校に通う子ども同士でも、おたがいの「嫌だ」「やりたくない」の主張が食いちがったり、折り合いがつけられなかったりして、言い合いに発展することがあります。そうなりそうなとき、なったときに伝えているルールは「先生を間に入れる」です。

「先生、◯◯についで話が合わないのでぼくたちの話を聞いてください」

なんて声をかけてくれると、内容を問わず、はじめてのおつかいくらい絶賛します。

相手に直接言うのではなく、第三者に伝える。

原告と被告がふたりで争っちゃいけません。

先生（大人）が話を聞きながら、ふたりの主張をまとめたり落としどころをつくる手伝いをしたりします。実際、そうこうやっているうちに頭も冷え、うまく解決できることも多いです。

社会に出てからも「上司や管理職に相談する」「しかるべき機関に相談する」「気軽に相談できる仲間をつくる」などは生きていくうえでとっても大事なスキルです。

こんなふうに書くと「理由が説明できない〝嫌〟はどんなときも言っちゃいけない

ように捉えてしまうかもしれません。

そんなことはありません。

ハッキリした理由がない（説明できない）としても、「なんか嫌」は絶対にあるんです。

言った人にとって悪意がなくても、なんなら、よかれと思っても、「嫌なものは嫌」なんです。

もうここは一人ひとりの感覚でしかないので、なんともジャッジはしにくいです。

わたしやあなたの「なんか嫌」を大事にして、大事にされる世界になったらいいなぁと思いながら、きっぱり断れず受けてしまった資料作成を思い出して、今5リットル泣いてます。

平熱のひとこと

☑ 反対に、誘うときは「断る権利」もいっしょに渡せたらグッドだね。

＼対人関係／
05

せっかちで、相手の話をさえぎってしまいます。

まず、考えを整理しましょう。この場合、「せっかち」であることは大きな問題ではありません。「相手の話をさえぎってしまう」ことが問題です。

「せっかち」自体はとくに悪いことではなく、準備が早いとか、遅刻をしないとか、いいところもたくさんあります。

すなわち、「せっかち」な性格（や特性）を無理にどうこうしようとすることではなく、せっかちなまま「話を聞くルールを理解し、実践できること」が大切です。

もちろん、特別支援学校にもいます。こっちが話をしている最中に、待ちきれず話をさえぎってしまう子や、衝動的に意見を発してしまう子が。

こんな子に対して、学校では先生が話しはじめる「まえ」に、「今から説明をします。説明が終わってから、〝質問や意見がある人は手を上げてください〟とたずねるので、話の途中で言いたいことがあっても、それまでは声を出さずに聞いてください」

など、まずは話し手の工夫でコントロールしていきます。

このような経験を学校や家庭で積んでいくことで「人の話が終わってから、自分の話をしないといけないんだな」を学んでいくことができれば理想です。

ただ、中にはそれもむずかしい子がいます。衝動性を抑えきれないため、完全に「さえぎらない」ことはハードルが高いかもしれません。

特別支援学校など、ある程度その子の性格や特性を理解してくれている場所では、「さえぎられても仕方ないか」と心を広く構え、見逃してくれることも多いです。

ですが、その子のことを知らない人には「こっちが話しているのにさえぎられて気分が悪いな」と思われてしまうことも多いでしょう。

少し話が変わりますが、「相手がげんなりしているのにしゃべり続けてしまう」も「相手と会話のキャッチボールができていない」という点ではよく似ています。

これらの改善がむずかしいなら、せめて「相手にひとこと伝えられる技術」を身につけておくのが落としどころではないでしょうか。

「今から何分まで話をしてもいいですか？」
「わたしは話を聞くのが苦手で、さえぎってしまうかもしれません」
「ぼくの話が長いときや聞くのが大変なときは、教えてくれると助かります」

など、相手に「会話でのコミュニケーションが苦手」であると先に伝えておけるかどうかで、ずいぶん印象がちがいます。

相手が困るのは「何度も話をさえぎられて進まない」「いきなりノンストップで2時間しゃべってきた」といったことです。

つまり、「何時まで話せますか？」「9時半までならいいですよ」などと事前に了承を得て話しはじめることができれば、聞き手のストレスはずいぶん減らせます。これも特別支援教育の要である「見通し」ですね。障害があってもなくても有効です。

わからないことをわからない、できないことをできないと言うことはなんら恥ずかしいことではありません。むしろ、それを伝えられないまま相手に「わかっている」「できるはず」と思われたままコミュニケーションするほうがしんどいです。

とはいえ、会話やコミュニケーションはライブです。リアルタイムでテンポよく交わされていくものです。すぐに上達するのはむずかしいでしょう。

だからこそ、子どもが話をさえぎらずに聞けたときや、話すまえに相手の状況を確認することができたら、たくさんほめてあげましょう。会話のマナーを教えていく大人たちも、根気強く向き合う姿勢が必要です。

小さな成功体験をたくさん積んで、みんながたのしくコミュニケーションを取ってほしいと、17時の終業チャイムを今か今かと待ち構えるせっかちな先生は思うのです。

人との適切な距離をとれず、初対面の人でも膝に座ろうとしたり、手をつなごうとしてしまいます。

とりあえず「初対面」でも「顔見知り」でも、膝に座ろうとしたり手をつなごうとするのは基本的にアウトです。

とくにここジャパンでは、密な身体的接触が許されるのは家族（と恋人）くらいです。あとはワールドカップでゴールを決めるしかありません。

もちろん、小学校（小学部）低学年など、子どもがほんとに小さいうちは膝に座っても手をつないでも、そこまで大きな違和感はないでしょう。それでも、**基本的な戦略は「適切な距離を、常にとる」です。年齢にかかわらず。**

生活を送っていく中で「家族以外は抱っこしてくれないんだな」「手をつないでくれ

るのは外を歩くときだけなんだな」と理解していける子どもは、自然と適切な距離を空けていくことができます。

発達につまずきのある子どもたちは「客観視」、また「相手の気持ちを考えること」を苦手とする場合があります。自分の年齢や相手の状況を勘定に入れられず、ただ「抱っこしてほしい」「手をつなぎたい」と自分の欲求を満たそうとしてしまいます。

小さいうちは、大きな問題にはなりません。しかし、サポートする大人が「小さいからいいよね」と日常的にこれらを許してしまうと、いつか突然「もう5年生なんだから」と知ったこっちゃない理由で中止され、子どもがパニックになってしまうかもしれません（幼い子どもは、抱っこされなくなる日がくるなんて、思いもしませんから）。

家庭内でのスキンシップや、ごほうび的なハグなどは（よっぽど過度じゃなければ）いくらでもすればいいんじゃないでしょうか。

ただし、家庭でもその頻度や濃度は少しずつ小さくしていってほしいと思います。断腸の思いでしょうが、ここは大人もふんばりどころです。

「適切な距離を、常にとる」は思春期や大人になってからの異性（性的な欲求）と向き合っていくうえでも、非常に大切です。

見たい、触りたいと「思う」のはセーフでも、やってしまうとアウトです。

特別支援学校でも、性教育的な意味合いも含めて、このあたりはその子に合わせて繰り返し指導していきます。

では、どうやって具体的に「適切な距離を、常にとる」を学習していけばいいのでしょうか。

子どもが「常に」もしくは「頻繁に」抱っこや手をつなぐことを求めている状況なら、まずはそれを「常にできるものではない」もしくは「特別なときにだけしてもらえるもの」に変えていけないか考えましょう。そこから0を目指します。

「常に」手をつなぎたい特別支援学校小学部の子どもがいます。

この子は外を歩くときも、とくに危険な行動はしないので、サポート的な意味合いで

「常に」手をつなぐ必要はありません。

ですが、「手をつなぎたい！」と教員に訴え、勝手に手をつなごうとしてきます。加えて、まわりを見れば、（サポートが必要だから）常に手をつないでいる子どももがいるので、この子からすると「なんでわたしは手をつないでくれないの!?」と思っちゃうのは当然です。

そんなこの子に「常に手をつなげるわけではない」を教えていきます（この例は113ページでも紹介しているのでいっしょに読んでみてください）。

ほかの指導場面にも言えることですが、いきなり「やりたいこと」をまったくの0にすることはストレスがかかりすぎます。

こんなとき特別支援教育では、**おたがいの落としどころを探りながら、少しずつフェードアウトしていきます**。

「じゃあ、つぎの電柱まで手をつなごうよ」

「（タイマーなどで提示して）5分手をつながずに歩けたら、そのあと2分つなごうね」

など声をかけたり、方法を提示したりしながら、「常にできるものではない」を刷り込んでいきます。

子どもからしても「常に手をつなぐことができる」から「まったく手をつなぐことができない」は距離がありすぎて絶望します。

だから、見通しをもたせることや、なにかを達成できたらしてもらえるといった損得勘定や駆け引きを織り交ぜながら、落としどころを探ります。それと同時に、少しずつ手をつなぐ時間や回数を減らしていけないか考えながら指導します。

あとは「弱めていく」といったアプローチもあります。膝に座ろうとしてくる子には背もたれになってあげるとか、抱っこを要求してくる子には一瞬持ち上げておろすとか。

回数や頻度の場合とおなじように、いきなり0にするのではなく、少しずつ「適切な距離を、常にとる」に向かっていける手立てを試していきましょう。

いろんな人やいろんな場面で、いろんな方法を試しながら、子どもが適切な距離を学んでくれるように考えていきましょう。

あ、最後にひとつだけ。
手をつながないことで我慢してるのは、先生だっていっしょです。
つなぎたいよ！　かわいいもん！

平熱のひとこと

「思う」はセーフ、するのがアウト。

おわりに

ここまで辿り着いたということは、あなたは真の勇者ですね？

この本では、「発達が気になる子」との関わり方、向き合い方、考え方などを、必要のない比喩や冗談を交えてお届けしてきました。

「なるほど！」と感じてもらえる方法もあったのではないかと思いますし、「うちの子にはちょっと合わないな」と感じる方法もきっとあったでしょう。

特別支援教育の総本山は「この子はどんな子？」です。それなのに、わたしはこの本を手に取ってくれた方がふだん関わっている子のことを、１ミリだって知りません。

この矛盾をどうか許してください。

ひと口に「発達が気になる」といっても、困りごと、得意なこと、苦手なこと、性格や体力が千差万別だってことは、身に染みてわかっています。だからせめて、わたしが関わってきた特別支援学校の小学部から高等部までのいろんな子どもたちを思い返しながら、なるべく多くの場面やアプローチを想定し、ヒントを詰め込みました。おなじような方法や、おなじような例え話も意識的にたくさん使いました。大事なことは、繰り返し伝えないといけないんです。

それと、第3章のお悩みへの回答は、一問一答じゃありません。おなじような悩みにちがった視点で回答することもあれば、ちがう悩みにおなじような回答もしています。ちがう悩みへのちがう回答が、あなたとお子さんにドンピシャではまるかもしれません。あなたが「この子はどんな子?」をよく考え、「この子」をよく知っている人に相談しながら、うれしいことやできることを増やし、悲しいことや困っていることを減らすお手伝いができていればうれしいです。

執筆中に見逃したドラマや、食べ損ねたディナーが一瞬にして報われます。子育てに仕事に家事に、毎日がんばるかっこよくてすてきな大人たちを、少しでも支えられる本になっていればいいな。

断言するよ。あなたも子どもも最高です。

平熱

【著者紹介】

平熱（へいねつ）

◉——おもに知的障害をもつ子が通う特別支援学校で10年くらい働く現役の先生。やさしくてちょっと笑える特別支援教育のつぶやきが人気を集め、Twitterのフォロワー数は6.9万人（2023年2月現在）。

◉——小学部、中学部、高等部のすべての学部を担任し、幅広い年齢やニーズの子どもたち、保護者と関わる。「視覚支援」「課題の分解」「スモールステップ」「見えないところを考える」など、発達障害やグレーゾーンの子どもたちだけではなく、全人類に有効な特別支援教育にぞっこん。

◉——障害の種類や程度にとらわれず「この子はどんな子？」を大切にし、子どもを恐怖でコントロールする「こわい指導」はしない。「先生も子どももしんどくならない環境」で子ども、そして関わる大人たちのニーズを満たす働き方を模索中。本書がはじめての著書となる。

Twitterアカウント：@365_teacher

特別支援教育《とくべつしえんきょういく》が教《おし》えてくれた　発達《はったつ》が気《き》になる子《こ》の育《そだ》て方《かた》

2023年3月20日　第1刷発行
2024年10月24日　第7刷発行

著　者——平熱
発行者——齊藤　龍男
発行所——株式会社かんき出版
東京都千代田区麴町4-1-4 西脇ビル　〒102-0083
電話　営業部：03(3262)8011㈹　編集部：03(3262)8012㈹
FAX　03(3234)4421　振替　00100-2-62304
https://kanki-pub.co.jp/

印刷所——TOPPANクロレ株式会社

ISBN978-4-7612-7659-1 C0037